福祉の役わり・福祉のこころ

みんなで参加し
共につくる

まえがき

私たちは、「人間にとっての福祉とは何か」という根本問題を考えるために「福祉の役わり・福祉のこころ」を主題とする研究活動を続けています。

福祉の実践が「人間の尊厳、一人一人の生きがいが尊重される実践」となるためには、「人が生活する場であり、人が集まってくる場」を福祉の場として形成しなければならないのではないでしょうか。社会福祉にたずさわる者は、これからは新しいコミュニティの創造に取り組むべきなのではないでしょうか。

二〇一〇年は、「住民の力とコミュニティ形成」と題して、横須賀基督《きりすと》教社会館館長の岸川洋治先生にご講演いただきました。本書はその講演をもとにまとめられています。

岸川先生は、田浦の町を社会福祉事業に取り込み、狭い意味ではなくて田浦の町が社会福祉的になっていく、そのキーポイントとして社会館がある、そういう位置づけの中での仕事をしていらっしゃいます。また同時に大学の教授もしていらっしゃいます。幅広い知識、そして専門的な地域福祉の立場から、社会館の田浦の町におけるコミュニティセンターとしての意義をお話しくださいました。

4

ここで、私もお世話になった横須賀基督教社会館について簡単にお話ししておきましょう。

◇ ◇ ◇

東京から約一時間あまり、横須賀線の横須賀の一つ手前に田浦という駅があります。そこに基督教社会館があります。各種の福祉事業、それから保育施設なども含めて、非常に活発な地域社会における福祉の拠点として事業を展開しているところです。

この施設は、もとは日本帝国海軍の時代に建てられた下士官兵集会所です。横須賀は軍港の町でしたから、その人たちを慰安する施設がありました。戦後の占領時代には米軍に施設をお貸しして、しばらくの間ダンスホールなどのある下士官兵クラブとなっていました。そこへ一九四六年（昭和二十一年）ごろ、エヴェレット・トムソンという宣教師の方がやって来ました。そして、米海軍横須賀基地司令官のベントン・デッカーにかけ合って、下士官兵クラブを社会福祉施設に転換したのです。

トムソン先生が初代館長となり、隣保《りんぽ》事業を中心に活動が始まりました。私はそのころ職員としてお世話になりました。そこでは高校生の会、青年会といったグループを持って活動をしました。戦後の一億総飢餓状況の時でしたから、買い出しに一緒に行くとか、交渉をするとか、そうしたことを先頭に立ってやっていきました。

第二代目館長の阿部志郎先生（本シリーズの第一集『福祉の役わり・福祉のこころ』、第二集『与えあうかかわりをめざして』の著者）が定年を迎えられ、岸川先生にバトンタッチしました。そして現在、田浦の地域社会によくなじむようなコミュニティ形成を目指し、皆さんを受け入れる施設というよりも、むしろ田浦の住民がこの社会館をどういうふうにしていったらいいかという主体性の半分以上を受け持つというかたちで、社会館を守ってくださっています。

最初から収容というようなことを一切考えない、地域に開放された「コミュニティ存在としての福祉施設」となっている横須賀基督教社会館は、地域の人のニーズ、要求、要請を本当に大事にするということのひとつの手本を示してくれていると思います。

聖学院大学総合研究所名誉教授
柏木　昭

みんなで参加し共につくる

——●●●目　次

住民の力とコミュニティの形成

——住民のためではなくて住民と共に——

岸川　洋治

私は最近、二〇一〇年五月に出版された『ソーシャルワーク協働の思想——〝クリネー〟から〝トポス〟へ』(柏木昭・荒田寛・佐々木敏明著、へるす出版)という本に目を通したところです。柏木昭先生は以前、横須賀基督《きりすと》教社会館にもお勤めでした。現在、社会館を退職した職員でつくる旧職員の会の会長も務めてくださっています。

この本の扉の部分は、おそらく柏木先生がこの本で伝えたいことを凝縮して書いておられる部分だと思います。そこに、「ソーシャルワーカーは新しいコミュニティの創造に取りかからなければなりません」と書かれているのです。もっと大きな視点で言いますと、社会福祉の関係者はこれからは新しいコミュニティの創造に取り組むべきだとおっしゃっています。その場というのは「人が生活する場であり、人が集まってくる場でなければいけません」、それがコミュニティだ、とおっしゃるのです。人が生活する場、人が集まってくる場でなければならない。「これをトポスと言っているのであります」とおっしゃっています。

私が勤務している横須賀基督教社会館は、六十四年間、柏木先生の言葉を借りますと、人が生活する場、人が集まってくる場の創造を目指して活動をしてきました。このトポス、人が集まってくる場、これは専門家だけではつくることはできません。専門家の一方的な働きかけだけではできません。地域住民の協働が不可欠、いや、むしろ住民が主役でなければできないだろうと私は思います。住民の人たちがどのようにして一つの小地域でコミュニティを形成していったのか。きょうは、その活動をご紹介しながら、皆さんと共にコミュニティ形成の課題を考えてみたいと思っています。

私は、学生時代に横須賀に移り住みました。社会館には、職員寮に学生が住み込んでボランティア活動をしながら学校に行く、という伝統がありました。私も大学三年になる前に、この社会館の職員寮に住み、ボランティア活動をしながら、学校にはあまり行かずにほとんど施設で活動していました。卒業するときに社会館にぜひ勤めたいとお願いをして、採用していただき、それから四十三年間ずっとこの社会館で働いております。途中七年半、福岡のほうに移りましたけれども、その間も社会館の役員をしており、二カ月に一回ぐらいは社会館に顔を出しておりました。したがって、四十三年間ずっと社会館で働いていたと言ってもいいかと思います。その経験をきょうはお話しいたします。

田浦という地域について

横須賀基督教社会館のある田浦は、横浜市の金沢区、逗子《ずし》、葉山《はやま》に近い、横須賀市の北部にあります。横須賀にはペリーが上陸した記念碑がありますし、また、坂本龍馬の妻おりょうの墓があるというので最近注目されているところです。

それでは、田浦はどのような町かといいますと、起伏が多く、トンネルの多い町です。そして、谷《や》戸《と》と呼んでおりますが、小高い山の間に住宅があるという地形を持っています。この地区は狭い土地に住宅が密集しているところです（写真１・２）。相当山の上まで住宅があります。バスの通れない細い道になっていますから、車のない方は歩いていかなければいけない。そして、谷戸の奥深くまで階段上に住宅地が開発されています。百段階段というのがあり、百段の階段がずっとつづき、その上に住宅があるというところもあります。

これからご紹介しようとしている地区は、田浦小学校区という小さな地区のことです。

この町の最近の大きな出来事として、住宅開発により、港が丘という住宅地が山を削って出現しました。三十年ぐらい前からその開発の話はありましたが、住民の反対があったりでおくれていたのです。けれども、今から七年前に入居が始まり、新しい町がこの田浦町のちょうど真ん中に位置するところにできました。

田浦小学校区の世帯数・人口は表1のようになっています。この港が丘を除いたものが旧田浦町ですが、田浦町、田浦大作《おおさく》町、田浦泉町の人口は、今から二十年前に比べて二千人も減っています。人口がどんどん減っているところです。ですが、港が丘ができたおかげで、この田浦町の全体の人口が

写真1　谷戸の住宅

写真2　横須賀基督教社会館の面する国道16号のトンネル

表１　田浦小学校区町内別世帯数、人口　（2009 年 10 月現在）

町内名		港が丘	田浦町	田浦大作町	田浦泉町	田浦町合計
世帯数		588	1,802	237	238	2,865
人口	総数	1,860	3,841	530	524	6,755
	0～14 歳	475	330	45	50	900
	15～64 歳	1,190	2,228	289	289	3,996
	65 歳～	195	1,283	196	185	1,859
構成比（%）	0～14 歳	25.54	8.59	8.68	9.54	13.32
	15～64 歳	63.98	58.01	56.56	55.16	59.16
	65 歳～	10.48	33.40	34.75	35.30	27.52

（港が丘は 1～2 丁目、田浦町は 1～6 丁目からなる）

維持されています。小学校も一学年で一クラスといったような状態が続いていましたが、港が丘に若い夫妻と家族が住むようになってやっと二クラスになっている、そういう状況です。

田浦大作町という町は、二〇〇五年にＮＨＫの「ご近所の底力」という番組に出演しました。空き家対策で何かいい案はないかという課題を出し、全国の人たちからいろいろとアイデアをもらっていました。空き家が非常に多い町です。このような町で、高齢化がどんどん進んでおります。田浦泉町は六十五歳以上の人が三五％を占めるという高齢者の町ですけれど、住民の方々はこの田浦の町が大好きな方が多いです。出ていく方も多いのですけれども、そこに残っている方々、あるいは高齢者給食に来ている方々は、いろいろ不便を感じるけれども、田浦の町で生活をしたいと思っていらっしゃる、そういう地区です。

お年寄りの方々がずっとここに住みたいとおっしゃる要因には、これからお話しする住民の活動というものが背後にあるのだろうと私は思っています。

横須賀基督教社会館について

社会館の建物は、元は旧海軍の下士官の集会所でした。そこが戦後一時米軍に接収された後に、社会福祉の仕事をするためにこの建物を使うことになりました。

占領軍が建物を使い、さらに今度はアメリカの宣教師が社会福祉の仕事をするということで、町の方々からは表立った反対はなかったようです。けれども、十年後に社会調査をしたときには、社会館をもっと町の発展のために使ったほうがよかったのではないかという意見がかなり出ておりました。住民の立場から見ますと、社会福祉の仕事をすること自体が招かざる客というような、もっと社会の、地域の発展になるような使い方をしてほしいというのが本音だったようです。そのような中で、地域に溶け込む努力を六十数年間ずっとやってきたのです。

写真3が初代の建物です。一九六七年（昭和四十二年）までこの建物を使っています。写真4が二代目の建物で、一九六八年（昭和四十三年）に建てました。このころから地域の活動が活発になっていきます。そのきっかけが、この建物を建て替えたことにあります。これは後ほどお話しします。一九六八年、これから地域の活動が起こり始めるという時代になります。

写真5が現在の建物です。一九九五年（平成七年）の十二月二十五日、クリスマスの日に竣工《しゅんこう》いたしました。この建物は、一階部分が保育所です。二階、三階が障害者、高齢者の仕事、地域活動の仕事をしています。それから、四階から八階までが住宅になっています。この住宅は、障害者、高齢

者、母子世帯の住宅です。今は横須賀市が丸ごと借り上げていて、社会館はオーナーみたいなものです。現在、二三世帯の方がこの住宅に住んでいます。

写真３　初代の横須賀基督教社会館

写真４　２代目の横須賀基督教社会館

写真5　3代目（現在）の横須賀基督教社会館

一九四六年に旧海軍の施設をコミュニティセンターとして開設した基督教社会館は、一九五二年には社会福祉法人を設立しております。基督教社会館という名前から、よく教会と間違える方もいらっしゃいますけれども、社会福祉法人の法人格を取得していますので、教会とは違うもので、社会福祉法に基づく仕事をしています。ですから、キリスト教精神に基づいて社会福祉事業を運営すると定款には書かれております。

設立から新しい三代目の建物ができるまでは、隣保《りんぽ》事業と保育事業を中心として運営してきました。この隣保事業というのは皆さんにはなかなかわかりにくいかもしれませんが、社会福祉法第二条3に規定される「第二種社会福祉事業」に入っています。隣保事業の役割とは、その隣保事業の施設が存在する近隣の地区の住民の福祉を向上させるために各種プログラムを提供する事業だと定義されています。この社会館も設立から新しい三代目の建物ができるまでは、隣保事業として、主に子どもに関する仕事を中心にやってきました。児童クラブ、中高生クラブ、青少年クラブ、あるいは英語教室とか洋裁教室、そのようなことをずっとやってきた歴史があります。

そして一九五七年に、二代目の阿部志郎館長が就任し、先駆的、開拓的な取り組みを民間社会事業の役割ととらえ、社会福祉の仕事の中でも開拓的な仕事をやってきました。例えば、全国でも例の少ない肢体不自由児保育などがその一例です。それと同時に、地域の組織化ということも視野に入れながら仕事をしてきました。

一九九五年、本館の三代目の新築工事が竣工しました。そのときの方針は、互酬性を基盤とした自立と連帯のコミュニティを築くための住民参加とボランティア活動の援助、それと、複合施設としての直接サービスを展開する、ということでした。そのためにこの施設をつくるのだということを内外に明らかにしています。社会館は、直接的なサービスをすると同時に、住民の方々に参加していただき、そしてボランティア活動をしながら、町を、コミュニティをどうつくっていくのか、そのことに一緒に取り組んでいく施設となりました。

ここで、社会館の仕事を簡単に紹介しておきますと、表2のようになっています。

一つの大きな柱が地域活動ということです。自治会だとか、後ほどお話しします「田浦町たすけあいの会」という自主的な会がありますし、ほかにもいろいろなボランティアの会があります。そのような地域の活動を支援するというのが一つの大きな役割です。

それから、直接的なサービスとして、法に基づくものがかなりあります。相談機関としては、全国どこにでもありますが、地域包括支援センターと障害者相談サポートセンターがあります。それから、

表２　横須賀基督教社会館の現在の事業概要

(1) コミュニティセンターとして地域活動支援、ボランティア育成、学童保育
(2) 相談支援機関として地域包括支援センター、障害者相談サポートセンター
(3) 障害者自立支援法に基づく自立訓練・機能訓練、生活介護、就労継続支援Ｂ型
(4) 介護保険法に基づくデイサービス（認知症ならびに通常型）、介護保険サービス
(5) 児童福祉法に基づく保育所
(6) 地域福祉研究所（調査・研究、国際交流事業、阿部文庫）

障害者自立支援法に基づく自立訓練で、機能訓練については、理学療法士、作業療法士、看護師、ケアワーカーがチームで当たっています。生活介護は、身体障害者のデイサービスをやっています。就労支援として、知的障害者の青年たちのグループの仕事をしています。また、介護保険法に基づくデイサービスとして、認知症のデイサービスと虚弱のデイサービスがあります。それから、居宅介護支援事業、そして、児童福祉法に基づく保育所があります。

さらに、この社会館の特徴としては、地域福祉研究所があり、とくに韓国の金海（キメ）にある総合福祉会館との交流を十数年間続けています。夏と冬に五名の研修生が一カ月間社会館で研修するということをずっと続けています。それから、調査研究もやっております。以上が、社会館のだいたいの仕事です。

田浦住民の活動

これから本題に入り、田浦住民の活動について少し詳しくお話ししたいと思います。

地域活動の萌芽——バザー委員と共に

先ほど見ていただいたように、社会館は当初旧海軍の施設を使っていましたが、一九六八年（昭和四十三年）に建物を建て替えることにしました。建物を建てるときに、民間の施設ですので公の補助も少しはありますけれども、自主財源をかなり用意しなければなりませんでした。しかし社会館の方針として、地元の方々に寄付をしてくださいという呼びかけは一切しませんでした。外部の教会関係だとか、あるいはアメリカの教会からも支援を受けましたが、地元に対してはこういう施設をつくるから募金してほしいということは一切言っていません。その理由は、共同募金という、住民の意思で寄付をするものがありますね。そしてその共同募金を通して、社会福祉の施設などに配分される、こういう仕組みが日本の中にあるからです。その共同募金があるのに、さらに住民の方々にそういう呼びかけはしない方針でした。

しかし、この建物がだんだん姿をあらわしていくようになりますと、「社会館というのは自分たちのためにつくってくれているんだ。自分たちの福祉のためにつくってくれているのに、私たちが何もしないで寄付もしようとしなかったのはおかしいんじゃないか」、このような声が町の一部の人たちから上がってきました。とくに強くそのことを主張したのが、自治会長の方でした。町の中では長老格の男性ですが、とてもそのような声を上げる方ではないと実は思っていたのですけれども、その方みずから、「社会館が新しい建物を建てている。それに対して何か協力しなければいけないのではないか」ということを言ってくださいました。そして、町の人たち、関係者にそのことを伝え、町の間でもそのような機運が盛り上がってきたのです。

それでは一体どういうふうに協力をすればいいのか、という具体的な話になりました。社会館では毎年秋にバザーをやっていました。それまではずっと社会館の職員が企画をしてバザーをやる、それを町の有志の方がボランティアとして手伝うというかたちでした。けれども、話し合いの結果、この年からは町内を挙げてこのバザーに協力しようじゃないかということになりました。六つの町内それぞれからバザー委員を選出する。そして、そのバザー委員会には職員も入り、社会館の利用者の団体も入る。保育園の保護者会、学童の保護者会、それから民生委員、保護司、老人クラブの代表が入る。このように町の福祉関係の人たちが集まってバザー委員会を組織して、最初の企画の段階の何をやるかというところから相談することになりました。

このかたちは今日まで続いております。最初のバザー委員会で、住民のアイデアとして、そして町自体が社会館を応援するといった具体的なあらわれとして、「一品持ち寄り」というものを考えました。各町内から家庭で眠っている不要品を寄付していただき、それに値段をつけて売ったらいいんじゃないかというアイデアが出てきました。「一品持ち寄り」のお願いの手紙にバザーの趣旨を書き、それを町内会を通して回覧をしました。物品を町内で集め、値段をつける作業をしました。これは町ぐるみのことになりました。

その当時のバザーで収益が一番大きいのは、ただでもらってきて値段をつけて売るという「一品持ち寄り」。それ以外にも、焼きそばだとかおすしだとか、いろいろなものをつくって売るグループもありますけれども、当然それは材料費がかかったりするので、丸もうけというのは一品持ち寄りなんですね。そんなことを町内を挙げて協力してくれるというのが、二代目の施設ができた一九六八年からのことです。

私はその当時学生で、その次からは職員で参加しましたが、最初のバザーのことを職員からいろいろ聞いて、町の方々の力はかなり大きいものだなと思いました。そのバザーが後ほどさらにまた発展するとは、実は職員も思っていなかったと思いますけれども、新たな発展になりました。ただ、これがすべてうまくいったわけではありません。

二回目のバザーのときでした。キリスト教の団体に何で町内が協力するのかという声を上げた人がいました。ある町の自治会の会長でした。元小学校の校長で、若いときには職員組合の委員長をやったという方でしたが、自治会長になっていました。キリスト教に何で協力するのかというような話になりました。そのときは、ほかの町内会長が説得をしてくれて、それはそれでおさまったのですが、ご本人は納得していないのですね。

ところが、そのバザーの収益を社会館の事業のために使うというところからもう一つ進めて、一九七〇年のバザーのときには、バザー収益の一部を町の活動に使うことがバザー委員会で決められました。つまり、収入の三分の一は町の自主的な活動に使ったらどうかということになりました。住民の間からは自分たちもぜひ青少年の活動に取り組みたいという声も上がっておりましたので、バザー収益がその活動の財源にちょうどふさわしいのではないかと。町の人たちが自分たちで得たものを自分たちの計画のために使う。社会館だけがいただくのではなくて、三分の一は町の人が考えて使ってほしいと、こういう動きになったのです。

青少年の活動をやるということになり、「田浦青少年活動協議会」というものが結成されました。六つの町内の青少年のリーダーの人たちが集まって、従来それぞれの町でやっていた青少年、子ども会の活動が横の広がりを持つようになりました。お金も少しあるものですから、全体で研修会をやったり、講師を呼んで一般の方々に青少年の問題を理解していただく講演会をやりはじめました。

バザーに協力することに反対した自治会長も、元小学校の教師という立場もあって、この青少年の活動に参加しはじめました。そうしましたら、そのことを通して、社会館の仕事のことがわかったんですね。よく理解してくれるようになりました。それからその会長は、社会館や地域の活動の大きな支援者となりました。経験がありますので、新しい組織をつくるとか、新しい活動をするというところについてはものすごく力を発揮してくれたのです。ですから、最初は反対した方が理解することによって一番の協力者になっていくという、そのようなことを私はこの時代に体験しています。

古い写真をちょっとお見せしようと思って用意しました。写真6はたぶん一九七五年ぐらいの写真だと思います。この時代は中古衣料がよく売れていました。町の方々が寄付をしてくれた中古衣料に値段をつけて売るのですが、この当時は中古衣料だけで六〇万円ぐらい売り上げていた時代でした。そういう時代から、今はまたそんなものは売れないという時代に変わってきていますけれども、初期のころのバザーの様子です。

写真6　1975 年ごろのバザー

写真7　現在のバザー

写真7が現在のバザーの様子です。バザーの収益を参加した自治会、団体も受け取るようにしました。以前のバザーというのは、その収益をすべて社会館でいただいたり、地域活動で使わせていただいたのですが、最近のバザーは、自治会あるいは関係団体の出店したところが収益の四〇%をもらう。それから四〇%は「田浦町たすけあい会」に寄付をする。二〇%を社会館へというやり方をしています。

このバザーのボランティアも三〇〇名。最近、この十月にやりましたところでは、当日に六〇〇名のボランティアの方々が活躍していました。今では中学生が活躍したり、町の青年とか、あるいは警察署の若い署員も社会教育の一環だ、人生教育の一環だということで参加したりと、いろいろな方が参加するようになってきました。

一人ぐらし高齢者問題への取り組み――高齢者給食の開始

◇課題の把握――民生委員と共に

このバザーを通して次の段階に入っていくことになりました。今から四十年ちかく前のことです。民生委員が各町にいらっしゃいますね。ひょっとしてこの参加者の皆さんの中に民生委員の方がいらっしゃるかもしれませんが、民生委員というのは三年に一度の改選です。今年（二〇一〇年）の十二月から新しい民生委員の方が三年任期で任命されますけれど、一九七一年の十二月にも改選がありました。その改選のときに、バザー委員として活躍した女性が民生委員になりました。

この一九七一年の民生委員改選のときに、厚生省が二つ方針を出しています。一つは、これからは地域活動が大切だろうから、地域活動ができる女性を中心に選出してほしいということと、もう一つは若返りを図るという方針を当時の厚生省が出しています。その方針に基づいて、私たちの田浦の町でも女性が民生委員になりました。その女性のうちの数名がバザー委員会でバザー委員として活躍をした人、つまり地域活動の実績のある方が民生委員になりました。これが大きな転換期だったと思います。

そのようなことがあり、社会館と民生委員の方々とが定期的な話し合いを続けてまいりました。話し合いというよりも、むしろ、社会館の職員が民生委員の方々に地域のことを教えていただくという立場でいろいろ話を聞いていました。その中で、とくに一人ぐらしの高齢者に対して民生委員の方々が関心を持っておられるということがわかりました。ちょうどそのころ新聞紙上でも一人ぐらしの高齢者の方が孤独死をする、亡くなって二週間も三週間も発見されなかったという記事がかなり大きく取り上げられていた時代です。そのようなことがありまして、一人ぐらしの高齢者のことが民生委員と社会館との話の中で話題となり、そのことをもう少し深めて調べてみたらどうかという話になりました。

そこで、民生委員の人たちは自分たちの担当地区の該当する方々を訪ねて話を聞くということになったのです。相当な数になりますけれども、それぞれの担当の方が一人ぐらしの方を訪問しました。その結果、一人ぐらしでももちろんいろいろなタイプの方がいらっしゃる。これは当たり前ですね。一人ぐらしといっても、すぐ近所に息子夫婦がいるとか、経済的にはすごく豊かだとか、いろいろな方がいらっしゃいます。でも、民生委員という立場からいろいろ話を聞き取った中で、やはり心配になる方々が何人かいらっしゃるということがわかりました。その共通項としては、親族が少ない、そのことが緊急のときに心配だということ。それから、経済的にも低所得の方々が心配である。年齢が高い方、虚弱な方、こういう方々が心配だという話になって、だんだんその方々の生活についてもう少し詳しい報告がなされるようになってきました。

◇仲間づくり——高齢者給食

ある民生委員さんの話を聞きますと、そういう方のお宅に行ってまず目につくのは、インスタントラーメンが箱ごと買ってある、缶詰の山だというような食生活であるということです。それから、最も極端な例で言いますと、民生委員の方が訪ねていったときに、お年寄りの方が「きょう、私は初めて人と口をきいた」とおっしゃったそうです。皆さんそれだけ孤立した状態にある、そんなことがだんだん明確になってきます。

次に、一人ぐらしの方々の仲間づくりということを考えてみたらどうかという話になっていきました。老人クラブというものが町にはあります。もちろん老人クラブに入っている方もいらっしゃいますけれども、お金がないとなかなか参加できないそうです。日帰り旅行に行くにはお金がかかりますね。それから体力も必要です。ですから、せっかく老人クラブに入っていてもなかなか参加できないという方が、一人ぐらしの方に多いということ。したがって、仲間づくりが必要ではないかということを考えました。

そういう方々が約三〇名地域にいることがわかりました。単に集まってもらうだけではなくて、インスタントラーメンなどを食べているのであれば、せめて月に一回でもみんなに集まってもらって、一緒に手づくりの食事をしたらどうだろうかという話になりました。それを、ボランティアと民生委員が中心になってその企画をする。料理はボランティアの人たちがつくる。それに要する費用はバザーの収益を使ったらどうか。財源的にもある程度確保され、人的にも、バザーのボランティアの中で活躍している人の数名でまずはやってみようということになりました。

実はこの社会館の中には調理する場所がなくて、敷地の隣に田浦教会という教会があり、そこの調理室を借りることができました。その調理室を使って三〇名、それからボランティアも含めて、最初は私なんかも一緒に食べさせていただいていたので、五〇名ぐらいの食事をつくることになりました。この五〇名の食事をつくる鍋やかま、包丁などの調理用具は、最初はまったくありません。ボランティアの人が自分のうちから持ってきて、そこで調理をして、終わったら自分のうちに持って帰るということを最初のうちはずっとやりました。

それと、食事をつくるところと食べる場所が離れていましたので、できたものを運ぶという作業も

写真８　初期の高齢者給食の様子

写真９　現在の高齢者給食

ありました。ちょっと手間なのですが、私は同僚の職員とその役を担っていました。そのかわり一緒に食事を食べさせてもらい、一人ぐらしの生活を少しずつ理解できるようになりました。

一人ぐらしの給食サービスですが、この給食サービスを日本で初めて実施したのが田浦の町の住民たちです。写真8は社会館の和室を使っての給食です。たぶん初期のころの写真ですので、皆さんごらんになってどうでしょう、参加者の方がみんな和服でお見えになっているんですね。かっぽう着を着ている方はボランティアの方々ですが、最近かっぽう着を着ている主婦の方はあまり見かけませんね。何か時代をあらわすような写真ですね。

写真9は今やっている給食です。この日は保育園の子どもたちが一緒に食事をする、先ほど見ていただいた新しい建物の中でやっている高齢者給食です。最近は、このように子どもたちとの交流もとても活発に行われるようになってきています。

◇民生委員との信頼関係の確立

こうした苦労をしながら給食が始まるのですが、その給食も単に仲間づくりだけではなくて、民生委員の方々はもう二つ目的を考えました。一つは、民生委員と高齢者との信頼関係をつくるということです。何か困ったときにもすぐに相談できるような信頼関係づくりです。つまり何か事が起こってどうにもならなくなってから相談されるよりも、もっと前に予防的な意味での相談、日ごろのコミュニケーションが大切だということで、信頼関係をつくるということを目的としました。給食の日には一緒に食事を食べますし、それ以外にも民生委員には訪ねる理由ができます。今度はいつが給食だから来てくださいねと訪ねることもできますし、また終わったあと、食事はどうでしたかということで訪ねることもできます。そういう機会をつくるようにしたということです。

◇高齢者問題の喚起

それからもう一つは、住民に高齢者問題を喚起するデモンストレーションというような意味合いを持たせました。この三番目というのはつけたしみたいなものだったのですが、今思いますと、実はこの三番目が重要なことになります。最初は仲間づくり、次に信頼関係の確立、そして問題喚起だと言っていましたが、三番目の問題喚起が今の地域の活動に結びついていくことになります。一九七二年の七月の時点では、月一回の給食でしたが、一九七七年以降は月二回に増やしてやっております。ボランティアと民生委員が中心になって始めました。

高齢者と地域福祉

この給食を始めたころ、私は一人ぐらしの高齢者のことというのはほとんど知りませんでした。私が大学で学んだ時代というのは、老人福祉論を勉強する学生はほとんどいなかったのです。みんな児童福祉をやりたい、障害者のことをやりたいということで、老人福祉をやりたいという者は少ない時代でした。私も老人福祉論を学んだわけではなくて、働いてこういうことになって初めて高齢者のことを理解しなければいけないという立場になりました。

そこで、この給食が始まってしばらくして、民生委員の方に、何人かの高齢者の方を訪問したいので、ぜひ了解を得てもらって一緒に行ってくれませんかとお願いをしました。そういう中で、今でもよく覚えている一人のご婦人がいらっしゃいます。

民生委員に連れられてずっと谷戸の奥のほうまで歩いて行きました。そして、ちゃんとしたコンクリートの階段ではなくて、昔ながらの自然にできたような少しなだらかな坂を上って行くと、すごくびっくりしたのですが、土壁づくりの家がありました。一九七二、三年ごろに、まだそういう家が残っていました。

この土壁づくりの家というのは、私が小さいころあったのは覚えています。壁が土ですから、穴があいていたり、わらが出ていたり、ひび割れがあったりと、そういう家に案内されました。その家の方はとても気さくな方で、「どうぞ上がってください」とすぐ上げてくださいました。その家には、土間があってかまどがありました。かまどで煮炊きをするというのです。水道は来ていますけれども、ガスはない。それから、家の中に、電化製品はまったく何もない。部屋の真ん中にぶら下がっている裸電球ぐらいで、コンセントがひょっとしたらなかったのではないかなと思います。ですから冷蔵庫も当然ないし、炊飯器も何もないというところに案内されてすごくびっくりしました。

その方のお話を聞きますと、十三歳のときからずっと苦労している。十三歳のときに奉公に出されたというのです。お父さんが酒癖が悪くて、奉公先まで借金をしに来るというのでとても恥ずかしかったと、そんな話までしてくださいました。ずっと苦労されているのです。やっと結婚して川崎で新居を構えるのですけれども、それも空襲で焼けてしまった。子供も養女をもらってしばらくは平穏な生活をしていたけれども、家もなくし、それから田浦に移ってこられて間もなくご主人も亡くなり、養女も亡くなり、それ以来ずっと一人ぐらしということでした。

生活保護を受けたくてお願いするのだけれども、生活保護も受けられないという状態がずっと続いて、近所の人が見るに見かねて庭の草むしりをさせてくれて、五〇円とか一〇〇円とかもらって何とか食いつないでいたと、こういう生活歴をお持ちの方なのです。今は生活保護を受けることができて、老齢福祉年金ももらっているので、殿様のような生活だとおっしゃっていました。好きなものを買えるし、今は幸せだとおっしゃっていました。

私は、本当にこの方はそれでいいのかなと思ったのです。社会福祉の仕事をしている者としては、この方は将来どうするのかと、そんなことを思いました。ちょうどそのころ特別養護老人ホームもできはじめましたし、横須賀市内でもいくつか開所しておりました。この方はもう高齢だし、しかも身体的には腰が九十度に曲がっている方なのです。ですから、何が困りますかとたずねると、雨の日だとおっしゃるのです。雨の日は傘を差しても後ろのほうがぬれてしまうと。そういう身体的な状況もありましたし、身寄りもほとんどなく、低所得です。この方は特別養護老人ホームにお入りになるのが一番いいのではないかなと私は思い、そのことを伝えました。おそらくその当時の社会福祉の関係者はみな、施設入所がいいと考えたと思います。

でも、その方はこうおっしゃいました。「いや、私はここで死にます。夫も養女も死んだここで死ぬんだ」と、ものすごく強い口調でおっしゃいました。そのとき私ははっとしたと言いましょうか、自分の考えの浅さに愕然《がくぜん》としたと言いましょうか、そんな思いでした。私から見れば身体的にも大変、しかもその方が買い物するのにも、先ほど言った谷戸の奥ですので、お店まで小一時間ぐらいかかるのです。しかも、おふろに行くのにも同じぐらい時間がかかる。夏はせっかくおふろに入っても、うちに帰ればまた汗だく。冬は寒かろう、冷えるだろうと思うのですね。しかも、住宅の中には暖房器具も何もなくて、すき間風が吹いて寒いだろうなと思います。

そういう方が、「いや、そんなことはどうでもいいんだ。自分はここで死ぬんだ」とおっしゃる。そのことを実現するのが福祉の仕事ではないかなと、そういう方が地域で生活をしていくには私たち専門家は何をしていかなければいけないのか、そのことを考えようと私自身はそのとき思ったのです。

ちょうどそのころ日本の社会福祉の大きな流れとしても、施設だけではなくて、在宅の福祉をどうするかということを少しずつ考えるようになりました。そういう機運が出てきた時代的な背景もありましたし、社会館としても、先ほど申しましたように町の方が活動して、そういう人たちと一緒に在宅の一人ぐらしの人をどう支援するのかを考える、このような時期でした。私も社会館も、あるいはもっと大きく言えば日本全体も、地域福祉をどうするかということをちょうど考えはじめたスタートのときだったと思います。そのようなときにそういうご婦人を訪問して、まさに衝撃的な言葉を聞いたということが、私が地域福祉のことを実践し、研究もしたいと思った理由です。

この給食をやっていく中で、もう一つ象徴的なことがありました。それは給食でみんなが集まって雑談をしていたときのことです。仲間のどなたかが亡くなって葬儀が終わったあとの給食の日の話です。ある方が「私が死んだら、みんな葬儀に来てくれるんだよね。だから私は安心して死ねます。だから安心して生きることができるんだ」とおっしゃいました。その方はとても大切なことをおっしゃっているのだなと思って聞いておりました。

葬儀というのは、それぞれ地域によってやり方が違います。埼玉はどうでしょうか。私はしばらく九州にいましたけれども、九州の葬儀というのは、葬儀が始まってから終わるまで参列者は座って最後までいてくださる。横須賀の葬儀というのは冷たいですね、親族はいますけれども、参列者はお焼香だけしたらみんな帰ってしまいます。例えば町の名士の方が亡くなれば、お焼香する場があって、参列者がずらっと並びますので、お経が終わっても参列者がいる。でも、一人ぐらしでほとんど身寄りのない方というのは、だれもいないのですね。ですから、だれもいない状態での葬儀を、皆さんずっと経験してきたのではないかと思うのです。

でも、この給食が始まってからは、少なくとも三〇人の仲間は葬儀に参列します。それから民生委員も来て、給食のボランティアも含めて五〇名ぐらいは必ず来てくれる。その方はそのことをおっしゃったのです。私は、仲間づくりというのはまさにこういうことかなと思いました。自分の一番心配していること、自分はどんな死に方をするのか、そしてその葬儀がどうなるのか。そのことが、みんなに支えられて安心して逝けるという状態、これはやはり仲間でなければできないのかなと思ったところです。このようにして地域でだんだん仲間づくりができてきたわけです。

「田浦町たすけあいの会」設立

仲間づくりができるのは大変よいことですし、給食の活動も活発になってきます。春は花見に行きたいということになり、ボランティアの方々がお弁当をつくって、マイクロバスを借りて花見に行ったりしてとても楽しいのですけれども、だんだんお金がかかるようになります。ではどうしたらいいかなというときに、キリスト教でこんなことを言ってはいけませんが、天からお金が降ってきたのです。

実はまさにそういうことがありました。毎日新聞が社会福祉顕彰という表彰をしています。今もやっていますが、第三回の毎日社会福祉顕彰を社会館が受けることができました。その受賞理由は二つありました。社会館が戦後、民間の社会福祉活動をずっとしてきたことが評価されたのと、もう一つは、高齢者給食、住民の手による給食というものを住民たちが展開してきたという地域の活動の評価です。この二つが受賞理由でした。副賞が三五万円つきました。それが天から降ってきたお金ですが、この三五万円をどうするかという話です。

この三五万円を一体どうするのかと社会館でいろいろ話をしました。その受賞理由からいったら、むしろ住民活動のほうに重きを置いているのではないかと判断しまして、これはやはり町の方に使っていただこうということになり、町の方にお集まりいただいて、受賞したお祝いと、三五万円は町へ寄贈しますという話をしました。

そこで、町の方々はこの三五万円を一体どうするのかということでいろいろ相談しました。毎週のごとく自治会長、民生委員、保護司、老人クラブといろいろ集まって、私もその会合にずっと出席していましたが、だんだん話が大きくなっていくのですね。

三五万円は使うのはもったいないと、この三五万円を一千万円までふくらまそうじゃないかという話になりました。一千万円なんて、そんなばかなことを言うなよと内心思いました。でも町の方々はそれを目指して、それを福祉活動に使おうじゃないかと。そのために助け合いの会をつくろうということになり、「田浦町たすけあいの会」というものをつくりました。そして、老人クラブの連合会が五四万円持っていましたので、それを寄付する話になったり、町の青年団がボウリング大会の収益一一万円を寄付するというので、最初の段階で三五万円にプラスされて、たちまち一〇〇万円になりました。それから会員も年間一人一二〇〇円の会費を払って参加するということになって、あっという間に一〇〇万から二〇〇万、三〇〇万と増えていきました。

この会に賛同する地域の人々を会員として、福祉基金を積み立て、その果実によって福祉活動を行います。民生委員・児童委員、青少年団体代表、自治会会長・役員、保護司、老人クラブ代表など地域内の福祉関係者を総動員し、お互いの活動を統合化し、町ぐるみの地域福祉活動を展開することとなりました。

そして会の組織としては、最初は、役員は民生委員、自治会長など、すでにある組織の代表者で理事会を構成していましたが、一九九八年からは、役員はそういう役職で充てるのではなくて、すべてボランティアの人たち、自分がやりたいという方がやるようにしました。少し民主的なかたちになって今日に至っています。

現在「田浦町たすけあいの会」では、高齢者給食、ボランティアの研修、八十歳以上を対象とした長寿の集い、八十歳以上の方全員の訪問活動、社会館へのボランティア活動の協力、青少年の活動、広報誌発行、バザーを実施するということをやっています。現在、一三三〇万円の福祉基金があります。それから、今は会費を年間六〇〇円に下げておりますので、会費収入が七五万円、バザー収益が五五万円あり、それで活動しております。会員は一二二五名ですので、全世帯の四三%が加入しているという状況です。

全員が参加しないところが、私はいいところだと思うのです。全員が参加したら、強制的にみな入れていることになります。四三%という数字が五〇%ぐらい行ってほしいなと思うのですけれども、役員の方々もそれなりの努力はしています。こういうことでずっと住民が主体となって活動を展開するようになってまいりました。

これからの地域福祉

キリスト教社会館の新たなチャレンジ

旧来の田浦町の高齢化率は三三%を超えます。インフォーマルケアへの期待と家族全体をサポートする必要性も高まってきています。地域包括支援センターと障害者相談サポートセンターを中心とした社会館諸機能が有機的な連携を持ち、既存の地域活動と協働して個々人の生活課題解決に向かう新たな展開が求められています。個々人へのケアとコミュニティワーク、コミュニティソーシャルワークへの取り組みを積極的に行っていきたいと考えています。

シャッターの下りている商店街に知的障害者と身体障害者が共に働く場、ボランティアとして町の人々が参加する場をつくりたい。横須賀は海軍カレーの発祥の地です。カレーを食べながらの高齢者、若者、生徒、学生も含めた集いの場が町の活性化を考えるきっかけとなるのではないか、そういったことも考えています。

長期的視野に立って、将来の町の活動の担い手を住民と協働で育てたい。小中学生への福祉教育が大切です。社会館では担当の職員を置き、学校側と十分な打ち合わせをして実施しています。社会館事業の体験だけでなく、「田浦町たすけあいの会」の活動など町のことについても学んでもらっています。このことを通して、町の人たちもまた子どもの育成に関心を持つようになっています。

地域福祉の仕組みを考える場合、まず一つは、ボランティアという意識ではなくて、向こう三軒両隣程度の近隣地域で形成されるもの、私は自然発生的援助ネットワークと呼んでいるのですが、もともと人間の社会にあった自然発生的なものがまずベースにあるだろうというのが、一つの要素です。これは、当然親族も含めますし、隣人であったり、友人であったり、それから宗教関係者の相互扶助というのもそうだと思いますし、趣味の仲間での助け合いみたいなこともあると思います。そのようなことが、基本的に必要ではないかと思っています。そのことが今だんだん薄れてきているのが現状ではないかと思います。

二番目は、先ほどの「田浦町たすけあいの会」のように、地域の活動をするために形成された集団として、明らかにボランティア活動をするといった目的を持った集団、これを私はボランティア援助ネットワークと呼んでいますが、ボランティア援助ネットワークといったようなものが必要ではないかと思います。「田浦町たすけあいの会」の活動を見ておりますと、その会があるから、最初に言いました近隣での助け合いも強化されていくという面があると思います。高齢者の問題に関心を持ち、それならば自分の住んでいる隣近所のお年寄りのことにも少し関心を持とうじゃないかということに発展していくということです。

三番目が、それ以外の公的なサービスのことです。介護保険だとか、あるいは障害者自立支援法やいろいろな法律に基づく、病院なんかもそうでしょうし、医療のこと、教育のこと、すべて公的なことを含めて考えております。

これらのことが、それぞれ一つだけ突出してもだめではないか。つまり、公的なことだけがいくら充実しても、実際の生活というのは二十四時間三百六十五日のことですので、支援できない部分もかなりあると思います。これは地域包括支援センターの職員がまさに今感じているところですが、それではボランティアだけができるかというと、そうではありませんし、近隣だけではどうか、それもできません。

ですから、この三つのことがうまく地域の中で構成されるような仕組みを、これから私たちはつくっていかなければいけない。そのためには、やはり住民が声を上げ、行動を起こし、動いていくことがまず必要ではないかと思います。

◇対談◇　岸川洋治 ＋ 柏木　昭

コミュニティ存在としての福祉施設

柏木　岸川先生のお話でわかりましたように、コミュニティの存在そのものというか、コミュニティに本当に必要な存在としての施設である社会館、そういうものを今日私どもは見ることができているわけですね。しかし、ひところは施設というのはどんなところだったかといいますと、戦後私が基督教社会館で働いていたころ、多くの施設では、障害者、高齢者も含めた老人の方々の中で認知症を患っている方、そういう方々を収容する施設というのがごく当たり前の形態だったと思います。

地域・在宅での福祉を実践する福祉施設

同じ社会福祉法人でありながら、横須賀基督教社会館のような施設というのはごく珍しい存在でした。福祉施設といえば大体入所施設でした。言うなれば本来の家族から、あるいは本来自分の住んでいる町から離れて、自分にとっては新しい集団の中に入るということでした。時にはそういう新しい集団になじめなかったり、あるいは体が弱かったりして、そういう施設に入ることが本当にこれでいいのだろうかと思わせるような、そういうケースがいくらでもありました。そういうことは時々出てくる問題であって、大多数は施設収容がよいと、そういう思想があったわけです。時には問題を非常に端的に提起しているものであったかもしれないのに、平均的な考え方から施設収容というのがどんどん伸びていった、そういう時代がありました。

その中で、いち早く始められたこの横須賀基督教社会館の地域存在としての福祉施設、コミュニティ存在としての福祉施設のこの思想というのは、最初から収容というようなことは一切考えなかった。在宅で、町の中で自分が送ってきた生活をそのまま続けていきたい、そういう気持ちにこたえることのできた施設でありました。障害者もそうです。先ほどもご説明がありましたように、現在も知的障害の方が非常に明るく活発に働いておられます。その場所を得て、地域から社会館に、あるいは社会館からまた自分の家庭に帰る。そして田浦町というものを頭の中に、あるいは心の中で大歓迎してというか、ここがおれの町だ、僕の町だ、私の町だということで生活しておられる方が大部分であるという状況をずっとつくってきたわけです。すなわち田浦は排除の思想のない町であると言えます。

施設収容というのは必要な場合はもちろんあるわけですけれども、できるならば地域で住みたいという、ニーズといいますか、要求、要請を本当に大事にしたいなと思うと、やはりこういう横須賀基督教社会館のような施設が必要になってくるのではないでしょうか。

日本の福祉というと、なぜ高齢者の収容施設というか、入所施設になってしまうのだろうということを考えるわけですが、このごろは、地域の中で、その人たちの考え方、その人たちの要求にこたえるような通所という制度を併設している老人施設がずいぶん増えてきました。いわゆる多目的な施設というものが進められるような時代になってきています。そういう意味においては多少変わったかなと思いますけれども、しかし、地元、地域、在宅で福祉を実践するんだといういわゆる社会館のような施設というのは、まだこれからの課題なのではないか、今後発展を期待することになるだろうと思っています。(本シリーズ第三集に、こうした取り組みの一例があります。岩尾貢「認知症高齢者のケア」『とことんつきあう関係力をもとに』聖学院大学出版会、二〇一〇年)

◇福祉施設の密室性・開放性

もう少しそのことを掘り下げて言いますと、収容施設というのはいわば密室みたいなものです。そこで何が行われているかということが本当にわからない。ある日病気をしたとか、ある日骨折をしたとか、いろいろな事故が起こります。そういうときに、施設のほうではどのように家族に説明するか、本当にその辺で頭を痛めるところであろうと思います。密室で起こったことですから、あとは適切に説明をすることによって家族の疑問とか怒りに対応する、そういうこともなきにしもあらずです。密室的福祉というものから、やはり地域に開放された、開け放たれた福祉施設という意味で、今後の福祉のあり方を指し示した社会館の功績は非常に大きいと私は思っております。

そこで、これはだめ押しになるような質問ですけれども、その辺の密室性と地域性と対比させて、社会館が一体どうだったのか、あるいはこれからどうするのかということについて、お話しいただけるでしょうか。

岸川　社会館がずっとやろうとしてきたことは、一言で言いますと、「地域の人のためではなくて、地域の人と共に」ということがあります。地域の人のためにという言い方は、設立当初から一切していません。設立者のトムソン宣教師は強くそのことを言っています。地域の人が主役なんだという言い方をしています。

そのことを非常によくあらわしている記録がありまして、昔こんなことがあったそうです。戦後間もなくですけれども、子ども会活動というのが日本で盛んに行われた時代があります。そのときに、ある遠くの地域の人がトムソン先生を訪ねてきて、自分の町にも子ども会の活動を組織化したいので社会館の職員にすべてやってほしいというお願いがあったそうです。でもトムソン先生は、「いや、それは私たちはしません。職員が行って、そこで一緒に組織化して自分たちでやるのであればご協力しましょう」と言ったとあります。だから、社会館の職員というのはそういった場面で主役にならない。つまり、住民の方がどうするかということをお手伝いするということです。この「住民のためではなくて住民と共に」という、そのことがすごく典型的な事例として昔の文書に出ていました。このことが地域の人と共にということだと思っています。

ただ、社会館も直接的な事業をずっとやってきました。戦後、開拓的な仕事も念頭に置いてやりました。日本の今の福祉の中ではどこでも行われている、例えば肢体不自由児の保育というものも昭和三十二年（一九五七年）ごろからやっております。全国にあまり例がないころからいろいろなことをやっています。昭和二十年代の中ごろ（一九五〇年ごろ）から、社会福祉の方法を使っての家庭相談所もやっています。

◇高齢者を地域から孤立させない

先ほどの柏木先生のお話でいえば、社会館も実はある意味では密室性があると思います。例えば今デイサービスの中でやっていることは、ボランティアはもちろん来ていますし、ある程度住民の方々も知ることはできますけれども、ある意味では密室性もあるのかなという気もいたします。そういう通所のコミュニティセンターであっても、そこは気をつけないと、どうしても外部から見たときにわかりにくくなってしまうところがあると思います。

社会館の歴史の中で見ますと、それまで子どもの仕事を中心にしてきましたけれども、平成元年（一九八九年）に、「喜望の園」という単独のデイサービスセンターを社会館の中につくりました。社会館で初めて高齢者の仕事をしました。先ほど言った給食とかいろいろやりましたけれども、社会館としても直接高齢者にサービスをする時代だと思って、法人としてデイサービスをつくったのです。

毎日一五名から二〇名のお年寄りがやって来ていましたが、その当時、関東学院大学で長いあいだ社会学を教えていた富田富士雄先生が理事長でした。その理事長がある日、「岸川君、喜望の園というのは、デイサービスをやることによって高齢者を地域から孤立させちゃいけないんだよ」と。高齢者を地域から孤立させてはいけないと私は言われたのです。それは一体何を意味するのか、実は、恥ずかしながらそのときはわからなかったのです。

それは、今やっとわかってきました。密室性とも関連しますけれど、お年寄りというのは地域で生活をしているのです。そのお年寄りが地域でどういう生活をし、家族とどういう関係、近隣とどういう関係、あるいは昔からの知人とどういう関係を持ちながら生活をしているかということを考えないでデイサービスをやってはいけませんよ。デイサービスをやるのは単に生活の一部のものであって、その方の全体を見なさい、地域を見なさい、という話なのです。例えばデイサービスだけの時間、プログラムだけのことであれば、密室性が高いようなことになる可能性もあるのですが、理事長が言ったその言葉のように、つまり地域で生活をしているというとらえ方をしますと、密室性というのはなくなると思うのです。

ということは、家族との連携、近隣の方々との連携も必要ですし、担当の民生委員との連携も必要でしょう。そういった意味では、社会館においてもひょっとすると密室性を持ってしまう可能性もあるということを十分理解しながら、それを克服するというよりも、むしろ積極的にその辺をとらえ直すことが必要です。富田理事長が言った、自分のサービスの中に囲み込むのではなくて、もっと全体の生活を見なさい、ということだろうと思います。

柏木　ありがとうございました。デイサービスをやるとかえって地域の高齢者を孤立化させる危険性もあるのだという富田先生のお話は、非常によくわかるんですね。それでは具体的に何をやったらいいか。

◇関心を広げ深める

きょうのご講演の中にも入っておりましたけれども、地域にとって社会館のこの建物は一体何だろう。戦前からあるということで、昔は海軍の施設であり、戦後は米軍の下士官兵クラブだった、今は一体どうなっているのかといったような関心から、今は田浦の住民のために何かしてくれるところらしいという、そういう印象を持つほうまで、地域の方はさまざまな思いで、横須賀線の田浦駅から谷《や》戸《と》に帰る道すがら社会館を必ず目にするわけです。

先ほどトンネルが写真2に写っていましたね（一二頁）。あのトンネルの向こう側の人には、社会館の存在はあまり知られていないかもしれませんけれども、あのトンネルの入り口からこっちの谷戸の人たちは本当に嫌でも見なければいけない。それから、田浦の小学校はトンネルのこっち側にありますから、その父母たちはトンネルを通って社会館を目の当たりにするわけです。この社会館に給食サービスがあるということとか、あるいは高齢者の人たちが出入りしていることがだんだんわかってきます。それだけでも、地域の高齢者に関心を持つという点では孤立化を防いでいるだろうと思うのです。関心を広げ深めるということは大事だと思います。

◇地域在宅の生活を支援する

もう一つ大事なのは、お話にあったボランティア活動です。私は東京都杉並区に住んでいます。約十年前に、きょうおっしゃったような給食サービスとはまったく違うのですけれども、杉並に食堂を開きました。それは、福祉サービスを受けている精神障害のある方たちによって運営される食堂なんです。

ある保健師さんと私と二人で、そういうのがあるといいねと話し合ったことがあります。この保健師さんは非常に戦闘的な人で、一九七〇年のアメリカとの安全保障条約の改正のときに、全国で大学を中心とした全共闘運動や全学連とか、そういう学生運動が非常に盛んだったときに、立川あたりで集団の先頭に立って役所の中に乗り込んでいって、こうしろ、ああしろという要求をした人たちの一人です。私も七〇年安保に随分影響されましたけれど、そういう運動をする年齢ではありませんでしたし、私はむしろつるし上げられるほうでした。

当時、国立精神衛生研究所というのが千葉県市川市にありました。今日皆さんがごらんになるようなデイケアセンターを精神障害者向けに制度化する研究をした所です。そういう実践的研究に私は従事しておりました。現在、精神障害者のデイサービスというのは医療の傘下にありますのでデイケアと言います。デイサービスという福祉用語は使ってほしいのですが、使わないほうがいいというのは、医療は治療だから福祉は口を出すなと言われるからです。今、精神医療の中の治療法の一つとしてデイケアは重要です。そのひな型を私たちはつくりました。国立精神衛生研究所の非常に大きな研究プロジェクトの一つです。

精神障害者は怖い、精神障害者は何をしでかすかわからない気味の悪い存在だという偏見と差別のもとに非常に苦しんでいる一部の人たちがおられます。それまでその人たちに対する治療をすべて入院治療ということでやってきたわけです。けれども、私たちは、どこかおかしいのではないか、やはり地域における生活者として見る視点が大事じゃないかということから、入院施設よりもデイケアというものをつくろうじゃないかという発想を持ったわけです。

これは欧米、とくにイギリスやカナダの先例がありましたので、それを視察に行ったり、あるいは教えを請うて来ていただいたりしました。私どもが昭和四十年（一九六五年）ぐらいから始めて十年たって、昭和四十九年（一九七四年）にようやく厚生省（現、厚生労働省）が制度化に踏み切りました。それで精神障害者の長期入院が減っていったかというとそうでもありません。今ようやく少し動きがあるのは、若くして、十六歳ぐらいから精神障害を患われて、そして病院にずっと長く入院している方で、年をとって亡くなる方が今ぼつぼつみえてきているので、少し長期入院患者さんが減ってきているかな、という程度です。日本の精神医療というのは非常におくれをとっております。いずれにしても、長期入院のかわりにデイケアというものができて、何らかの影響を与えたのであればいいなと思うわけです。（平山正実「精神科医療におけるチームワーク」『とことんつきあう関係力をもとに』聖学院大学出版会、二〇一〇年をご参照ください。）

そういう中で、私どもの障害者とか高齢者を見る目というものが変わってきたのです。対象化しないことが大事です。対象化して、この人は地域にいるのはよくない、あるいは家庭にいるのにふさわしくないということからひとまとめにして収容した。障害者もそうですね。身体障害者の方は入所していただいて、少しでも身体的な労苦から解放してさしあげたい。精神障害者の人たちも偏見差別の目から守ってあげたい、そのような方向での施設・入寮を制度化した時代から、今では、一人の地域での生活者として見る視点を持って、地域在宅の生活を支援することが福祉の仕事だというふうになっていると思っています。

◇地域がなければ個別援助はできない――よいかかわりのために地域に出る

そういうわけで施設収容というものからデイケア、デイサービスという時代に入ったわけですけれども、まさに横須賀市田浦の社会館というのは、私の思想の基盤になっていたのです。経験を積んだわけで、そのころはあまりよくわかっていなかったかもしれないけれども、後年、芽を吹いて、私は今、地域がなければ個別援助はできないという考え方になっています。

このことを私はどういうふうに変化として受けとめているかというと、昔はカウンセリングとかケースワークという名前の技術がありました。今もカウンセリングはありますが、ケースワークというのはこのごろはあまり聞かない、あまり使っておりません。ケースワークというのは一対一の福祉相談援助のことです。一対一の相談援助というのは、まさに私が先ほどから問題にしている密室性の支援の仕方です。一対一で、相談室の中でだれも見ている者がいません。ですから、そこで働く職員はうそがつけるのですね。まことに申しわけない、今から考えると本当に反省することが私も多々あります。

いつうそをつくかというと、私どもは精神衛生研究所ですから、その辺のところを露呈するような場面がたくさんありました。それはケース会議というもの、事例検討会という名前で行われているところもあります。このケース会議という中で、きょうはこういう人が相談に来ました、あるいはこういう人のお母さんが私のところへ来ましたという報告をするわけです。何回かお会いしたあとに、またもう一回ケース会議をやります。そのときに私がどんなことを口走ってしまったかというと、「最初の面接のときにお約束したことをあの人はちっとも守らなかったので、きょうまた憂き目を見て精神科の病院に再入院することになってしまいそうだ」、という報告をしたというのが一例であります。

私は何と言ったでしょうか。「せっかく約束したのに、あの人がその約束を破った」というふうに責任転嫁しました。私は、はっきりと絶対守ってねと約束したか。そのような面接はやりません。しかし、私はそのときに、私とあの人との関係、かかわりの中で、本当にあの人のことが理解できていなかったんだな、あの人の気持ちを言葉としてはある程度聞いたかもしれないけれども、その語りの裏にあるところの声、あるいは思い、そういうものを受け止めていなかったのではないかという、そういう反省をしました。それは言葉にすると、本当は「私がよいかかわりを持つことができなかった。その結果、私は虚偽の報告をしてしまうことになった」と言えるわけです。「あの人が悪いんだ、あの人が約束を破ったんだ、それで再入院の運びとなってしまっている」、そういうケース報告をする。これは一例ですけれども、すべてこれは一対一のケースワーク、一対一のカウンセリングから来ている、どうしても避けることのできない私自身の自己防衛の本能、そういうものが露呈してきたものです。

それではこれをどうやってチェックしていくかということです。やはり病院の相談室だけではだめだ、病院の中で働く福祉の人たち、市民の人たちはみんな地域のほうに目を向けなければならない。生活をしているその人はどんな家庭、どんなところで過ごしているかということをもっと知ろうということで、地域に出ていくというスタンスに変わっていきました。その辺のところで、この社会館の事業というのは本当に正しい方向を向いていると思います。

◇新しい公共政策

もう一つ、このごろ政府もいろいろ考えて、内閣府あたりで「新しい公共」というテーマで、従来の公共政策、教育や福祉、その他産業を興すとかいろいろな意味で、あるいは道路を整備するとかそういうことまで含めて、省庁を縦割りではなくて横に連結することができるような形にしていくということが言われています。そういう公共サービス、新しい公共ということが言われるようになっています。

公共というのは、従来自治体がつくり上げて計画して、それを実施してきたから、住民の参加なんかあまり得られなかったのです。けれども、新しい公共となりますと、今度はこれまでのように国とか自治体がイニシアチブをとって先鞭《せんべん》をつけてこうするよということではなくて、住民の人たちが一体どんなことが必要なのか、あるいはその必要に対してどういうことを考えているのか、そちらに重点を置いて、新しい公共都市、公共事業というものをつくっていくよう住民が一番先頭に立つのです。行政はそれを後押しするというスタンスに変えていきましょうというのが内閣府の新しい公共政策だと思うのです。これがどんなかたちで、どういうふうに発展し、どういうふうに育っていくか、ちょっと見守っていかなければいけないと思いますが、そういういろいろな変化があります。

その変化を、社会館はとっくの昔に、昭和二十年代、一九四五年以降ずっとやってこられたわけです。これは本当に頭が下がります。その中で、社会館が住民のために何をするかではなくて、住民が社会館をどう支えていくのかという時代になったということ。これは個人的に元職員であった者として非常にうれしく思っております。こういう私の投げかけをさせていただいて、何かご感想があればお話しいただければ幸いです。

◇どんどん変わる地域のニーズ

岸川　いま柏木先生が話された二つのことは、褒めていただいたと理解してよろしいのでしょうか。何か先駆的にやっているみたいなことですけれども、実は、私が今非常に悩んでいるというか、行き詰まっているところがあります。

今まで社会館がずっとやってきたことが公的なところで取り上げられているようなことになっています。いま柏木先生がおっしゃったようなことです。先ほどの三つの要素は、私はもうずっと昔から、三十年ぐらい前から言っているのですけれど、最近の厚生労働省の文書なんかを見ていると同じような表現で言っているので、それを紹介するとき私は、三十年前にすでにこう言っていますということをわざわざ言っていました。つまり、私というよりも社会館でいろいろ言って発信してきたことがもう一般化してしまっているということが現状です。

そういう中で、ではあらためて地域のニーズに基づいて何が必要なのかと、実は今職員と一緒に考えているところです。それは、私個人というよりも社会館という組織でどう取り組むかということで、全職員がそれに向かって取り組んでいるところです。地域のニーズというのはどんどん変わってきますので、社会館が昔から言っていることが公のところで仮に政策に取り上げられても、また新しいことが起こっているに違いない。やはりそこを、私たちはきちっととらえなければいけないという姿勢を持つことが必要だと言っているところです。

そのことが、私としては今、先がちょっと読めないところがあって、一、二年後にまたこういう話をするときにお話しできればいいなと思います。どうやったら今の地域のニーズがわかるのかということです。デイサービスとか保育とか、さっき言った相談機関などで正規職員が五〇人ぐらい、一〇〇人ぐらいのパート職員がいます。一人一人が利用者を通して、あるいはその家族を通して、そこに何の問題があるのか、ニーズがあるのかというのをもう一回意識してとらえ直してくれと職員に言っています。そのことがずっと集約されていくことで、今、欠けているものが出てくるのではないかと思います。

それに対して社会館ができるかどうかはわかりません。でも、社会館ができる部分と住民ができる部分と、それから公でしかできない部分と、それをちゃんと読み分けて、そういう仕組みをつくっていかなければいけないのではないかと思っているところです。新しい公共という中で、確かに住民参加とかコミュニティ形成と言われていますけれども、その実態は何なのかということを、社会館で、もう少し理論化するなり一般化して、発信する責任があるのではないかなと思っているところです。そうしたことがこれからの課題です。

地域での実践のために

柏木　いくつか質問が来ております。お答えが可能な部分で結構です。お願いいたします。

岸川　「自治会、町内会、サークルなど、社交性の高い人たちの活動は、中核的な推進力として機能すると思います。まさに活発な方はよろしいと。他方、若年でも高齢でも、人との交流を好まず孤立化する人たちの中にも、障害や低所得など弱い立場に追い込まれている人はいると想像します。都市化が進む中で、そのような交流が少ない人たちに対して窓口を開き、場合によっては積極的に巻き込んでいくような工夫、アイデア、思想がありましたらヒントを教えていただけるとうれしいです」というご質問です。

このことにつきましては、私は先ほどの事例からいきますと、一つは目に見える活動というのが地域で展開されていくことがとても大切だなと思っています。給食サービスを始めたときは、宣伝をしたわけではありませんけれども、やはり住民の方々は見ています。一人ぐらしの方々が集まってくるということに対して、町の方は「何で社会館にみんな行くの？」みたいな話から、給食があることが知られるようになりました。

それから、五〇人分の食材を、ボランティアの方とともに毎月別々の商店で買っているんですね。そうすると商店の方々が、ああ、こういうことをやっているんだとわかってきます。それから、商店の方々がお客さんに「社会館でこんなことをやっているんだって」みたいなことをいろいろ言ってだんだん広がってくる。ボランティアが広がる。おそらく、給食がなかったら「たすけあいの会」はできなかっただろうと思います。

そのように、目に見える形というのがとても大切だと思います。そういう目に見える活動があって、ここでご指摘のように、孤立している人たちに対して、町の方々が「こういう会があるから行ってみたらどう？」みたいな勧め方をしてきているんですね。給食に来ている方は、もともとあまり社交性のない方々です。何回誘っても来ない方も中にはいます。私はそんなところに行きたくないという方ももちろんいます。でも、民生委員さんが根気強く何回も訪ねて行ったりするうちに気が変わって、行ってみてよかったみたいなことになりますので、やはり具体的な活動を通しながら、そういう方を根気よくお誘いするような、そういうことが町でできたらいいのではないかと思います。

次に、「地域福祉活動をしていく上で、宗教の位置づけはどのように入り込んでいるのか。キリスト教的な宗教色は出すことができるのか。出せないとしたら、どのようなケースなのか」という質問が来ています。

横須賀基督教社会館は、名称はそうなっておりますし、定款にもキリスト教主義ということは書かれておりますけれども、利用者の方々というのは、もちろん宗派を問わず、いろいろな宗教の方々が来ておられます。お寺の住職の子弟も保育園に入ったりしておりますし、宗教を超えてのことです。とくに高齢者の方々はいろいろな宗教に入っていらっしゃいますけれど、私どもは一切宗教のことは出しませんので、むしろ横須賀基督教社会館というよりも、町の方々は単に社会館という理解です。やはり、宗教色を出してはいけないだろうと思っています。一切出さないようにしています。

次は、「住民の声を聞き、寄り添う事業展開の心得はどのようなものがあるでしょうか」というご質問です。

これは、私は社会福祉の仕事というのは、やはり住民のみならず利用者の方々の声をどう徹底的に聞けるのかというところがポイントではないかなと思います。この辺はもちろん柏木先生のほうがご専門ですので補足していただければと思いますけれども、その人たちが何を思って生活しているのかということ、それを引き出すということが大切だと思うんですね。

ですから、このご質問の住民の声ということについては、もちろん一人一人全部聞くわけにいきません。しかし、その中で代表的な方々、あるいは先ほど言いましたように「田浦町たすけあいの会」の役員という人たちが相当いますので、そのような人たちの声を聞きながらということで、たすけあいの会の中では事業展開が行われたり、今度はこういうことがあったらいいねというので新しいプログラムをつくったりしていっています。ですから、心得というものは、まさに一人一人の声をきちっと聞いていくということ、それに尽きるのではないかなと思っています。

もう一つ、「家族機能も弱まり、人と人とのつながりが薄れてきている。コミュニティの力はむしろ弱くなっているように感じる。再度コミュニティの力を構築するために必要な要素とは何でしょうか。そして、どのようなコミュニティのあり方を理想だと考えますか」というご質問です。

私は北九州のほうでも、実は住民の一人として、地域活動にボランティアとして参加した経験があります。仕事ではなくて、自分の住んでいるすぐ近くにコミュニティセンターがありましたので、子どもの活動とかなにかも、何の拘束もされずに、専門職ではなく住民として本当に気持ちいいボランティアをした経験があります。そんなところで町の方々とお話をしていると、やはりコミュニティの一番基本的なものは何かというと、挨拶だと言うんです。挨拶をきちっとできれば、そこから新しいコミュニティができるのではないかと思っています。

千葉県の松戸市に大きな団地があって、常盤平《ときわだいら》団地でしたか、そこで孤立死する人たちが出ました。そこのリーダーの中沢卓実さんという方に直接お話を聞いたことがあるのですけれども、そういう孤立死を防止するのに何が必要かというと、挨拶だと言うんです。そこの団地では「あいさつ運動」というのを始めました。日ごろのコミュニケーションが大切だと、それからコミュニティ形成が始まるのだと言うのです。

専門的な立場からコミュニティをつくるための方法論は、さっき私が言った事例を理論化すれば、地域のニーズを把握して、そのために必要なプログラムをつくって参加を呼びかけてということになります。けれども、皆さん方がまずこういうコミュニティということから考えていきますと、先ほど言った第一の要素の隣近所が日ごろのコミュニケーションをどのようにとるのかというところから始まり、それがだんだん拡大して小学校区でとれるようになるとか、そんなことではないかなと思います。

学問的にはもっとコミュニティのあり方が問われていますし、もう一つ別の面で言うと、自治会をどうするかという話を考えてみましょう。今のコミュニティを再生するために三つの方法があると言う人がいます。倉沢進（東京都立大学名誉教授）というコミュニティの専門家です。

倉沢教授が言うには、一つは今の自治会を再生させる。加入率もかなり低下していますけれど、もう一回自治会を再生するのはどうかと。二番目としては、自治会は当てにならない、あんな旧態依然とした組織には頼らずに自分たちで何かやってしまうという、ボランタリーの活動をやるというのも方法だろうと。そして、自治会とボランタリーのものが連携してやるということ、このことが第三の道だと言っています。

私は第三の道をとりたいと思います。先ほどの事例も、「田浦町たすけあいの会」というのは自治会の活動と支えがあってできています。ボランタリーな活動としてたすけあいの会があり、既存の組織として自治会がある。両者がうまく結びついて、先ほどお話ししたような活動ができるのです。ですから、やはりコミュニティをもう一回再生させるためには、自治会は全国どこでもあるんですよね。ないところは絶対ないですから、そこを新たな力を持つボランタリーの団体と一緒に活性化していくことが再生の道ではないかと思っています。

質問がもう一つあるのですが、「一つのコミュニティが発展していくと、そのコミュニティに所属しない人は、入らなければならない。あるいは、入らない人がコミュニティとは関係ないところで仲間外れにあうおそれがありますが、その対処法などはあるでしょうか」ということです。ちょっとこれは難しい質問なので、私は答えが出せません。皆さんもぜひ考えていただきたいところです。以上が質問の全部でした。

柏木　福祉というのは、専門家、あるいは先ほど私が言いましたように福祉施設に任せておけばいいんだということではなくて、自分の生活の中からにじみ出るようなもの、それがだんだん形になっていくものだということです。そこで何が必要かというと、挨拶だと言われましたね。これは、私はきょうの結論ではないかと思っております。

岸川先生は、「コミュニティの持つ力、コミュニティに住む住民の力というものをもっと評価すべきだ。私たちも生活の中で気がつくべきだ。自分もその一員だ」と、そういう思いでおられるに違いない。そのことは皆さんにご理解いただけたのではないかと思います。

（二〇一〇年十一月二十七日、聖学院大学4号館教室）

特別講義　私とソーシャルワーク

柏木　昭

本来なら生きる喜びをもたらす輝きを身体一杯に浴び、春を謳歌《おうか》していいはずの東日本の被災地の皆様には本当にお気の毒です。被災された方々のご労苦を覚えます。心からのお見舞いを申し上げます。

今日は特別講義と称して稿を起こします。「私とソーシャルワーク」というテーマで、いかにして私がソーシャルワークと出会い、学び、ソーシャルワーカーになったかについて述べ、そしてその後に本論「ソーシャルワークとは何か」に入ることにします。

私の歩み

私は戦中派に分類される昭和一桁世代です。一九四五年の第二次世界大戦敗戦を境に私の生き方、人生の価値、生活スタイルは百八十度の転回を経験しなければなりませんでした。戦前、私たちの考え方はすべて「すめらみくに」というキーワードに左右されました。「すめら」というのは、神（神道で言う神）や天皇に関することを言うときに、上にくっつける接頭語です。漢字で書くと皇国です。つまり天皇の統治する国のために、わが身を犠牲にするのもいとわない、最後まで天皇と国を守るという精神が、教育の根幹です。「命は鴻毛《こうもう》よりも軽し」（鴻毛は鴻《おおとり》の羽毛で、きわめて軽いもののたとえ）というのが合言葉でした。それがどうでしょうか。一九四五（昭和二十）年八月十五日、私が海軍兵学校という海軍士官の養成学校の三年生だったとき、全国民に向けて終戦の詔勅が発せられました。私は特攻隊の命運から辛くも逃れることができたのでした。そして戦後大きく転身して、従来の方向とは正反対の民主主義に生き、職業人生もソーシャルワークを選んだのです。

まず私は、自分がいかにしてソーシャルワークという大きな山に出会ったのか、今回その裾野まで降りていって記しておきたいと思います。長い人生を一四、五ページにまとめるのはとても難しいですが、初めに私のきわめて若いころの青っぽい人生の歩みについて書こうと思っています。後の二〇ページぐらいが「ソーシャルワークとは何か」という講義の部分です。

ボストン留学のきっかけ

アメリカ東海岸、ニューイングランドの春は五月にようやく訪れます。私は若いとき、ボストン大学・スクール・オブ・ソーシャルワーク（略称ＢＵＳＳＷ）で「ケースワーク」（正式にはソーシャル・ケースワーク）を学びました。今日ではケースワークという名称の学科目名は、ほとんど聞かなくなっており、社会福祉援助技術という用語に取って代わっています。

ＢＵＳＳＷの卒業写真を開いて一覧を見ると、顔写真付きで掲載されていますが、私の名前の後に「ケースワーク」専攻と記されています。私が留学したのは、一九五二（昭和二十七）年六月から五四年の九月一杯でした。そのころのボストンは古き良きたたずまいの落ち着いた町でした。しかし数年前、再び妻や友人とボストンを訪れたときは、昔の姿はまったく見いだすことができませんでした。私が住んでいたサウスエンド（South End）地区は、当時スラム街でしたが、都市開発のためにそのころの面影はまったくなく、赤レンガの家並みは昔と同じですが、すっかり外部洗浄して、高級住宅街に様変わりしていました。専門用語でこれをジェントリフィケーション（gentrification）と言います。開放的なドアは今では堅牢なものに変わっており、ノックして案内を請うと、中から「何だ、お前は」といった身なりこそ悪くはないが、品のない男が私たちを東洋人と見て、挨拶も聞かずに追い払うようにして、ドアを閉めてしまいました。あのころ私たちが親しんでいた住民はどこへ行ったのでしょう。ジェントリフィケーションという聞こえのいい都市政策によって追い出され、どこかでより惨めな生活を強いられていなければいいのですが。約半世紀前、確かにそこはスラムではありましたが、春の美しさは忘れられない光景として私の脳裏から去りません。

私がこのボストンの学校に行くようになったきっかけは、一九五〇年四月、私が青山学院専門学校（旧制）を卒業して、二五歳のときに就職した横須賀基督《きりすと》教社会館（原名 Yokosuka Christian Community Center　以下、社会館）の館長であったエヴェレット・トムソン（Everett W. Thompson, 1899-1979）というアメリカ、ニューハンプシャー州出身の宣教師との出会いです。私は高校生や青年たちと一緒に、戦後の一億総飢餓状態にあるさなか、芋の買出しに出かけたりして、一時でも空腹を忘れるようなときを共にしたいという願いで働いていました。(1)

社会館というのはコミュニティセンターのことです。日本には隣保《りんぽ》館があり、こちらはセツルメントという名称で知られています。直接的対象は比較的小さな地域とその住民ということになるでしょう。しかし、門戸は大きく開かれていますから、これがどこのだれを対象にするかは結局サービス利用者である地域住民が決めることになるのではないでしょうか。社会館は横須賀市田浦町にあります。田浦町の人口は約六八〇〇人ですが、社会館が主とする対象は、田浦地域とその住民です。しかし隣接する横浜市や横須賀市の方からも人が集まってきます。どだい、対象地域を限るというのは行政手法であって、その予算の範囲で事業を執行するのは当然のことですが、キリスト教的社会福祉事業には対象地域の限定は、あってないようなものでしょう。

現在の社会館は八階建てのビルで、その四階から八階までは住宅になっていて、主として高齢者と障害者、そして母子世帯の人たちが入居しています。そしてそれとは別の建物に、保育所があります。人が住み、また人が集まるところ、この社会館は田浦にとって、まさに地域福祉的拠点として存在します。私はこういう地域の拠点を〝トポス〟と呼んでいます。これは後に詳述しますが、新しい福祉施設のあり方だと思っています。館長である岸川先生のお話にもありますが、トムソン先生は社会館を地域住民のために役に立つサービスを提供するという一方向的なものではなく、むしろ田浦町という町自体が福祉センターとしての社会館を作り上げることを、住民と共に目指したものでありました。

またもう一つ、私が働いていた当時、社会館には若いアメリカ人宣教師が二、三年交代で働きに来て、支援の手を差し伸べてくれました。彼らは〝Ｊ-３〟と呼ばれ、召命《しょうめい》〔イエス・キリストの弟子となり、使命を与えられること〕を受けて将来にわたって宣教活動を志す人たちでした。大学の学部を終えて、来日した若者たちです。そういう宣教活動を展開しようとしてつくられた日・米キリスト教会の連携組織の一つにＩＢＣ（The Inter-board Committee 内外協力会）という組織がありました。Ｊ-３はその組織の支援を受けて、来日した青年たちです。

十代を軍国主義教育で育った私にとって、第二次世界大戦では、彼らはかつての敵であったわけです。しかし彼らは、日本の偏狭な教育を受けて育った大人たちと違い、おおらかで人間が好きで、彼らにとってもかつての敵を、広い気持ちで大きく受け入れようと、私たちに接触してきました。その暖かさと寛容さには負けました。

また、当事「ララ物資」というのがあって、着るものにも事欠くような生活を強いられていた日本国民の多くがこの恩恵にあずかっています。昭和二十年代の最も大きな社会問題は国民総体としての貧困でした。[2]〝ララ〟というのはアジア救済機関（Licensed Agencies for Relief in Asia, LARA）の略称です。社会館でララ物資の夏ズボンをいただきました。海より青い色の薄いぺらぺらなズボンです。ちょっとはいて歩くには気恥ずかしい色、これはまさにアメリカ文化だと思いました。それと冬物の背広上下、ズボンが長いので短く仕立て直して、人生初めて背広というものを着用しました。これは嬉しいことでした。ボストン留学にはこのララの背広を着て行きました。ボストン大学に入る直前、真夏のころ、ちょうどトムソン先生ご夫妻も休暇でアメリカに帰って来られ、お会いしたときに、この冬物の背広を着ていた私を見て、いたく同情された夫人は、夏物の背広を買ってくださいました。

私はなんと二着目の背広を持つ身になったという喜びで、涙が出ました。社会館では、ララ物資の受け入れや配布の仕事はもっぱらトムソン夫人の仕事でした。トムソン夫人はこのほかに乳幼児の健康相談室を開設し、小児科医に嘱託を依頼し、保健師（当時保健婦）と共に多忙な毎日を送っておられました。

社会館に話を戻します。上に述べたJ-3の人たちは人間関係の技術を持っていました。およそ日本では考えられなかった、集団ゲームを含むグループワークです。彼らからはフォークダンスを教えてもらったり、集団ゲームを指導してもらったり、なかでも私が好きなのは、アメリカの子どもたちがサマーキャンプに行ったときに使う英語のキャンプソング集を使って、大声で一緒に歌うことでした。空腹ですから、あまり大きな声は出せませんでしたが、とにかく愉快な思い出は尽きません。ここで言うゲームとは、パソコンや携帯の一人遊びではありません。J-3の人たちは本国で、教会活動の一環としてサマーキャンプを皆経験しています。歌もダンスも上手でした。日本語も皆が上手でした。この日本語がうまいというのはとても大事なことです。もちろんトムソン先生ご夫妻も日本語は堪能でした。

海軍兵学校での英語教育

ここからまったく話題が飛びます。第二次世界大戦で日本が勝てなかった原因の一つは、情報・通信の拙劣さだと言います。上にも述べましたが、米軍士官の中に、日本語が堪能な人が少なからずいたからだ、ということを聞くことがよくあります。米海軍の日本語学校というのがあって、そこで訓練された士官が、前線に出て日本軍の通信を傍受し、それを翻訳する役目を一手に引き受けていたということです。それに対し日本の海軍では分厚い、軍艦搭載の暗号書を使います。表表紙と裏表紙に鉛の板が入っている真っ赤な装丁で、艦が沈没したら暗号書も沈んで、再び浮き上がってこないようにできています。複雑な法則に従って、作成した数字の羅列からなる通信文を電信でやり取りしました。これなら絶対解読できまいという自信の暗号文です。こういう代物をつくるのには時間がかかります。しかも使い方は、毎日決して同じものを使わず、日ごとに用法の違う規則で発信することになっていました。しかし、専門家に言わせると、難しければ難しいほど解読しやすいと言います。そういう複雑なものですから、友軍では翻訳に手間取ります。米軍にはこういう難解な暗号を解読した人たちが、多数存在していたということです。それに反して、日本人は英語が苦手な人が多い。米軍が電文を英語の平文で打っていても、その英語が日本の士官にはわからない。一九四一（昭和十六）年、日米戦争が始まる前後から、わが国政府は敵性国語であるからという理由で、英語教育を廃止していたのです。

私が海軍兵学校に入校したのは、太平洋戦争のさなか、一九四三（昭和十八）年十二月でした。第七五期生です。同期生は三五〇〇人いました。私が入校したときは有名な井上成美《しげよし》海軍中将が校長でした。後に一九四五（昭和二十）年、井上中将は海軍大臣米内《よない》光政大将と共に戦争終結に心血を注いでわが国を導いた人です。

一九四二（昭和十七）年、井上中将が校長として赴任した当時、兵学校には文官・武官を合わせて一五〇人ほどの教官がいました。「兵学校の英語教育をどうするか」という議題が論議されたときのことです。英語廃止に反対したのは、英語教師六人だけでした。大勢は英語廃止に賛成したといいます。しかし井上校長は「外国語一つ、真剣にマスターしないような人間は、帝国海軍の方で、これを必要としない。本職は、校長の権限において、入学試験から英語を廃することを許さない」と命令したそうです。(3)

兵学校は旧制中学の四年か五年あるいはその卒業生に受験資格がありました。私自身は四年生のときに受験し、一度失敗しています。入学試験は四日間続きました。第一日目数学（第1）、第二日目数学（第2）、英語、第三日目物理・化学、国語漢文、第四日目日本史、作文となっていて、毎日ふるい落とし式の選考がなされます。夕方五時ごろになると、受験番号を書いた横長の紙が壁に張り出され、その日の試験の合格点に達しないものの番号が、見ている目の前で、赤筆で消されていきます。残酷なものでした。第二日、第三日と最後までふるい分けされなかったものは、第五日にようやく面接試問に漕ぎ着けます。四年生のときは第一日に振り落とされてしまいました。

さて、英語ですが、私の旧制神奈川県立湘南中学校時代（一九三九―一九四四）は、世の中、英語廃止の動向が進む中、もう一人、熱心な英語教育を推進した赤木愛太郎初代校長の方針のもと、学校自体はかえって英語に対しては積極的な姿勢を保っていました。一年生の英語教育はなかなか充実していました。五〇名のクラスを二つに分けて、ほとんど教科書を見させず、目にもとまらぬ速さで、短い鞭を持った先生は生徒を当てて、とにかく英語をしゃべらせるといった教育法です。英会話の授業ではありません。英語に多く接して早く慣れさせるというやり方です。私自身はむしろ好きな学科でしたので、兵学校受験には非常に有利でした。何しろほかの中学校では英語を廃止ないし軽視する傾向にありましたから、英語の受験勉強には相当苦労したということを入校後、クラスメートから聞かされたものでした。

一九四三（昭和十八）年十二月、兵学校入校式を終えて、自分の属する分隊の自習室に行き、自分の机を見いだし、座ってふたを開けてみると、そこには研究社の *New Simplified English Dictionary, English through English* という英・英小型辞典が入っていました。井上校長が、戦時下英語を学ばなくなった学校が増え、研究社の辞書が余っているという情報を聞きつけて、一挙に五〇〇〇冊購入したという逸話があります。(4)

ソーシャル・ケースワークを学ぶ

戦後、社会館でトムソン先生に出会ったときには、水を得た魚のようなもので、日本ではまったく新しい専門職業としてのソーシャルワークにつくことができたというわけです。帝国海軍軍人からソーシャルワーカーというおよそ倫理の対極にある職業人生を選択することになりました。楽しいときを二年間社会館で過ごす間に、トムソン先生は私にアメリカの精神医学的ソーシャルワークの参考書を貸してくれました。アメリカにはこういう職業があり、それに対して一定の教育がなされるのだということを私は初めて知りました。それから毎週一回ぐらいずつ、二人ともに時間が合えば、その本の感想を話したり、わからないところを伺ったりすることが習慣になりました。そのころ知るようになったのですが、トムソン先生はキリスト教の宣教師ですが、同時にご夫人ともども、コロンビア大学のニューヨーク・スクール・オブ・ソーシャルワークを卒業された方でもあったのです。これは正直うらやましいことでした。

私がＩＢＣ（内外協力会）の留学生試験を受けようと決心したのはトムソン先生のすすめによります。英語はＪ-3のラリー・スウィフト氏にもっぱら指導してもらいました。トムソン先生は私が留学を終えて日本に帰ってきた暁には、社会館の仕事を継いでほしいと言われ、私も約束したのでした。しかし結果的には、国立精神衛生研究所の研究所員のポジションを、畏友である家族療法の研究者鈴木浩二氏（同研究所員）に紹介され、そちらを選んでしまったので、約束は反故《ほご》になりました。本当に申し訳ないことでした。しかしトムソン先生は、留学の成果を日本の精神障害者のために活かすことができるのだから、心配無用と慰めてくれました。

私が渡米したのは一九五二（昭和二十七）年六月のことでした。当時は船で渡航します。アメリカ陸軍の傭船《ようせん》（チャーター船）でした。客室が四室しかないアメリカの貨物船プレジデント・ジェファソン号でした。船客は女性四人、男性三人、みな日本人でした。一人だけ日系二世で、アメリカ軍の兵隊がいました。船客は船長さんと一緒に食事をします。食堂には大きな冷蔵庫があり、いつでも欲しいものを口にすることができます。

横浜で泣きの涙の母親に別れを告げ、何日かの航海を経て那覇に寄り、二、三日経ってから出港し、また神戸に戻りました。船長の説明では、軍の要請でもう一度横浜に帰る、横浜を再度出港するのは十日後になるということでしたから、私は取り急ぎ神戸から特急銀河号で逗子の実家に帰りました。

母は玄関に立つ私を幽霊のように見たて、茫然としていました。普通は横浜からサンフランシスコまで、途中ハワイに寄港しても、おおよそ二週間で行けます。船がもう一度横浜を出る日に、母は再度私を送りに来て、また泣きの涙です。私を乗せた船は私どもの期待をまた裏切り、今度は清水に入港し二日ほど停泊しました。そこから先はようやく、横道にそれて寄港するといったことなく、いよいよ太平洋に乗り出しました。楽しそうなハワイには寄らず、北の方の大圏航路を経由してカリフォルニア州に着いたのです。全日数で言うと、ほとんどひと月はかかったでしょう。しかし私にとっては長い船旅ではありませんでした。何しろ当時日本にいたときとは比較にならないほど食事が美味なものでしたから。

私はアメリカ、メソジスト教会の指示を受けて、サンフランシスコからウィスコンシン州ミルウォーキー市近郊ミシガン湖沿岸のウォーウォトサ市（Wauwatosa）に行きました。そして同市のキャンプ場にほぼ二カ月を過ごすことになりました。これは私の語学力、とくに会話の上達に大きな助けとなりました。この町に、前出ラリー・スウィフト氏の実家があります。船旅も、またボストン大学入学前の青少年キャンプも、私にとってアメリカ留学のオリエンテーションとして、非常に益するところとなりました。同じ年八月の半ば、日本基督教団の総会議長をしておられた大村勇（一九〇一―一九九一）先生が視察にこられ、私がＭＹＦ（Methodist Youth Fellowship メソジスト青年会）のキャンプに参加し、子どもたちと屈託なく英語でやり取りしているのを見て、いきなり「君は日系二世か」とお尋ねになりましたから、相当日本人の耳には流暢《りゅうちょう》なやり取りに聞こえたのでしょう。私は、不便はしませんでしたが、まだまず頭の中で「こう言おう」とか、「ああ言おう」とか準備してからでないと、発言できないという段階でした。

一つだけ気になっていたことがあります。私の船旅の、相客であるルームメイトは大学の国文科を出た人でした。まったく英語がわからない、というより英語に馴染もうという気さえ持っていない人のように見えました。いつも暗い顔をしていました。掃除やベッドメーキングに来るボーイに“Thank you!”のひと言もいわない人でした。今から思えばうつ病だったのかもしれません。私には多少の英語の素養がありますから、彼は私にへばりついていて、始終通訳しなければなりませんでした。船長はいろいろ話しかけてきますし、こちらからも「今はどこを向いて走っているのですか」とか「沖縄には何日停泊しますか」といったことや、アメリカでの自分の計画を話したりしていました。面白いことにすべてが二十代の日本人の若者でした。日系二世の軍人は絶対に日本語で話そうとはしませんでした。それは私にはいい練習になったのですが、私の同室の彼にはものすごいプレッシャーになっていたはずです。

ボストン大学は九月に始まります。八月中旬にボストンに入り、私はガタガタの中古のタイプライターを買って、ホテルの一室で練習おさおさ怠りなく、準備の時を過ごすのが毎日の日課でした。やがてBUSSWのソーシャルワークの講義が始まり、さすがに最初は英語で聞き取るのは至難の業でした。しばらくたって、コーナント学長（Dean Conant）からサウスエンド・ハウスというセツルメントの学生寮に入居することをすすめられました。寮に帰ると、時間を惜しみまず友人のノート写しで毎晩夜中までかかりました。私のほかにも学生寮に入っている人は一〇人ぐらいいました。同室の学生は同じ大学の歯学専攻の大学院生でした。サウスエンド・ハウスではそれぞれ何かの仕事を手伝って、寮費を浮かせたり、食費を軽減してもらったりしていました。ノートはもっぱら女子学生のを借りました。十月、秋学期も半ばに入り、そろそろさしもの難儀な大学院生活にもようやく慣れてきて、軌道に乗るかな、というところでしたが、晩秋のある日、同じ船でボストンカレッジというカトリックの大学に来ていた日本の女子学生から、私の同室の人、例のほとんど何もしゃべらず、暗い顔をしながら船旅を過ごしていた彼が自殺したことを聞いて、非常な衝撃を受けたことを思い出します。やはり重度のうつ病だったのではないかと思います。何もしてやれなかった、もう少し親切にしてやればよかった、と後悔しきりです。こうして、私はボストン大学への留学のよいオリエンテーションを経て、いよいよソーシャルワークの講義を聴くことになったというわけです。

九月に入ってすぐに授業が始まりました。ソーシャル・ケースワークがカリキュラムの中心に位置づけられていました。ミス・ロイドという先生から、ケースワークの第一回講義を聴いた後、あるニューヨークから来た学生が「グレートだ、グレートだ、感激した」と私に言ったことを思い出します。内容は、ゴードン・ハミルトン（Gordon Hamilton）の *Theory and Practice of Social Case Work*（5）（ソーシャル・ケース・ワークの理論と実際）を使った講義です。またもう一人、副読本であるシャーロット・タウル（Charlotte Towle）の *Common Human Needs*（6）（人間共通の欲求）を教材に使ったキャメロン先生のゼミがありました。私は半分ぐらいしか講義を把握できなかったので、これは大変なことになったぞという思いで一杯でしたから、「へー、そんなにあれがよかったのかなぁ」と、ニューヨークの学生とは違い、あまり腑《ふ》に落ちる感じはしませんでした。とにかく夜はノート写しと、ハミルトンとタウルの本に必死に取り組みました。

ミス・ロイドはまた、ケースワーク専攻の学生のゼミをも持っていました。これはフリーディスカッションです。日本の学生と比較すると、さすがに自発的な発言量は多いですが、皆慎重でした。沈黙が続くときもしばしばです。こういうときは私も安心です。おおっぴらに黙っていられるのですから。ミス・ロイドも黙っているほうが多かったと思いますが、そんな時に、「今、何が起きているのでしょう」とかまをかけられるときもありました。授業についてては毎日がこういう半可通の感じでした。レポートはそれほど多量に要求されたようには思いません。学部と違って、院生が当然主体的に勉強することが期待されているからにほかなりません。

私はむしろソーシャルワークスクールのカリキュラムの特異さに目をみはりました。第一週目から実習が始まります。週のうち三日間は実習に出ます。一年次の私の実習先はグループワークのプログラムで、モーガン・メモリアル・グッドウィル・インダストリーズ（Morgan Memorial Goodwill Industries　以下、ＭＭＧＩ）という、わが国でいえば入所授産施設のような施設に配属されました。すぐ友達ができました。入所利用者で、McD（ミックディー）という若い男性です。私より一〇歳年下でした。彼はボストン中心街にある〝ペニーアーケー（penny arcade）〟の所在を教えてくれました。日本でいえばパチンコのあるゲームセンターです。私はちょっとのぞいた程度で、実際にそこでゲームをやったことはありませんでしたが、McDにとっては、施設から遊びに行くところといえば、そこしかないのです。友達がいるわけでもないし、ガールフレンドがいるわけでもありません。

ＭＭＧＩは大きな工場のようで、全世界二〇〇カ所にその支部があります。ボストン市サウスエンドの施設はその本社です。知的あるいは身体障害者や、さまざまな社会的な障壁に阻まれて、就労を果たせない若者たちが、職業訓練を含む、集団生活訓練を受ける施設です。その目標は自立と尊厳です。モットーは"Not Charity, but a Chance"（慈善ではなく、機会を）です。創立は一八九五年といいますから、優に一〇〇年を経ている伝統的な施設です。最初は当時アメリカに移民として移り住んだ貧しい人たちに仕事を与え、貧困と不満に喘《あえ》ぐ地域社会の平和を保つことを企図したのです。今ではＭＭＧＩは事業として十分成り立ち、結果の出せる訓練と雇用支援を通し、非常に多数の求職者はもちろんですが、求人側に対しても、一定の訓練を積んだ人材を見いだして登用することができるという大きな利便性を与えています。夕方の全体ミーティングなどで、若いスタッフが大いにしゃべっているのを見て、「ワー、張り切っているなぁ」と感心させられたものです。結構きついことも言って叱責していましたが、大方は陽気で、受容的な人たちでした。しかし時には「君たちは皆いつまでもこんな汚いところに居たいんだよねー、そうだろ」といったような皮肉な言葉が聞かれたものです。

実習施設には、上に述べたような若い職員の上司に当たるミスター・ミラーというスーパーバイザーがいました。丁寧にＭＭＧＩの業務、歴史、業績、私の実習内容や、上に述べたMcDの紹介等、オリエンテーションをしてくれただけではなく、夕方、ボストンからちょっと郊外に出て、ほんの短い時間でしたが、ドライブに連れ出してくれたりしました。あの短い周辺案内もスマートな初対面のオリエンテーションでした。ミスター・ミラーはいつも微笑みを絶やさない、中肉中背の紳士です。ＭＭＧＩでは利用者の相談に応じ、スタッフの指導に当たり、きわめて多忙な日々を送っていました。

一つ、今から思うと、うらやましいことがありました。それはどこでもそうでしたが、私のスーパーバイザーであるソーシャルワーカーには事務職員がついているのです。二年次になって配属されたケースワーク機関のアメリカ・ファミリー・サービス協会（American Association of Family Service アメリカ家族支援協会）の相談機関でも、スーパーバイザーは、面接記録はテープレコーダーに自ら吹き込んでおき、それを事務職員がきちんとタイプライターで清書するという具合です。アメリカのソーシャルワーカーは決して給料が高いというわけではありませんが、こういう事務的な仕事は自分ではしなくても済むようです。日本の現場ではケース記録を書くために昼間の時間はほとんど使えなくて、夜残業をしてでも書かなければならないというのが一般的であるのを思うと、働きやすい待遇を受けていると言えるでしょう。両施設とも気分的にも、精神的にも私の若い日を有意義に過ごすことのできた忘れられない施設でした。

ここからいよいよ本論に入ります。

ソーシャルワークとは何か

ソーシャルワークに特有の「場」

ソーシャルワーカーは普通、さまざまな社会福祉施設や、一般科の病院や精神科の病院、あるいは地域におけるクリニック等の医療機関においてソーシャルワークの仕事に従事しています。業務の内容はいわゆる相談援助です。例えば、医療の領域では地域で生活するクライエント（ソーシャルワーカーの相手方）が、たまたま何かの病気にかかって、医療機関で治療を受けた場合、その人の都合や環境を調整して、最も適切な治療を受けることができるように、支援を行うのがソーシャルワーカーです。そういう施設や病院を訪れて、ソーシャルワーカーに会いたいと窓口で案内を請うと、指示される場所がいわゆる相談室です。相談室では医療ソーシャルワーカー（ＭＳＷ）や精神科ソーシャルワーカー（ＰＳＷ）が、患者（クライエント）あるいはその家族からの多様な相談ごとについて、その人の話に傾聴し、気持ちを受け止め、助言を提供します。ソーシャルワーカーは事務職員ではありません。ソーシャルワークという特有な専門性を持ち、人間関係の仕事に従事するものとして施設・医療機関の相談室で働いています。ただ非常に地味な存在で、医師や看護師と比べて、あまり表に出るような機能を持っているとは言えません。それだけに、患者・クライエントの中にはこういう人に病院で出会えたばかりに、ちょっと大げさですが、「地獄に仏」といった気持ちでゆとりを取り戻すことができる人は少なくないはずです。

一方相談室というのは、いわば密室のようなものです。クライエントとの間で本当に何が話されたのか、それを知っているのは当事者同士であるクライエントとソーシャルワーカーに限られます。もしそこでの相談の結果、クライエントが独りで生活を始め、何らかの理由で挫折したとします。職員会議でそれが報告されるときに、「それは僕の責任ではないよ。クライエントが僕との約束を守らなかったからだ」といった具合に責任逃れはいくらでもできてしまうでしょう。そういったソーシャルワーカーの発言は真の意味での「語り」とは言えません。ソーシャルワーカーの報告の中身をチェックできないのが密室性の怖さです。

ここに私がソーシャルワークに特有の「場」の存在と、その機能の意味を考えてみたいと思うようになった契機があります。つまり、ソーシャルワーカーの働く「場」は、単なる病院とか施設の相談室ではないのではないか、そういう「場」は地域に開かれたものでなければならないと強く思うのです。地域に開かれているということは、地域からの裁可（sanction サンクション）を受けるということです。地域からのサンクションとは、住民から、そこでソーシャルワーカーが援助・支援活動を行ってもいいという許可、あるいは継続してやってほしいという支持を得ることを言います。そうでなければ、相談ごとを持つクライエントは安心して医療を受けることも、地域生活を送ることもできないでしょうし、相談してもうそをつかれたのではソーシャルワーカーを決して信頼しなくなってしまいます。開かれた「場」であればこそ、ソーシャルワーカーも地域住民から認められて、生き生きと相談事業ができるというものです。

医療機関で働くソーシャルワーカーはどちらかというと相談室に拘束されやすいかもしれません。開かれた「場」はソーシャルワーカーが地域と密度の濃いかかわりを持つことによって構築されていきます。したがって、病院に働くソーシャルワーカーも地域のキーパースン、例えば自治会長とか民生委員とか、家族会の人たちと何らかのかかわりを持って、週に一、二回は地域に出て行き、できればクライエントにとっての拠点と言えるような「場」をつくり、障害者を含む地域住民と「語り」を交わすことを真剣に考えるべきではないでしょうか。

そういうわけで、住民から信頼されるような地域の拠点、これを〝トポス〟と呼ぶことにしたいと思います。トポスとはギリシャ語で、人の集まる場所とか、人がいる場所のことです。

そこで、ここではトポスに働く者として、「地域に生きるソーシャルワーカー」というテーマで話を進めたいと思います。

地域に生きるソーシャルワーカー

トポスの意味

中村雄二郎は『トポスの知』（一九九三）の中で、四つの意味を含ませて解明を試みています。[7]

（1）存在根拠としての場所
（2）身体的なものとしての場所
（3）象徴的なものとしての場所
（4）ある主張についての表現や論じ方としての場所

私はこれら四つの項目を借りて、それぞれ私なりに理解し、私のトポス論を説明するヒントにしたいと思います。原著者の意図には外れるかもしれませんが、あらかじめお断りしておきます。

（1）の存在根拠というのは言い換えると、生きられる場ということになるでしょう。安心・安全が得られる「場」、根城《ねじろ》と言ってもいいものです。この「場」から私たちは地域に存在する授産施設や作業所（就労継続支援事業所）等を連想することができると思います。身体障害者、精神障害者あるいは知的障害者、そして高齢者は、地域生活を送る場合、いろいろな困難に出くわしますが、こうした「場」による支援があると、本当に安心できます。とくに精神障害者は孤立しがちで、自閉的な傾向があって、積極的に外に出て行こうとする意欲が低下している場合が少なくありませんから、正式にトポスの構成員となれば、安心して生活することができます。

ここでもう一つ大事なことは、（1）の意味を持つ「場」は利用者が帰属感を自覚したり、誇りを感じたりすることのできる場であるということです。私の留学の話に出てきたボストンのサウスエンド・ハウスは典型的なトポスであると思います。生活に困窮する移民や高齢者が仲間と出会い、ポーカーをやったり、あるいは職員が提供するプログラムに従って、ダンスパーティーを楽しんだりします。また地域福祉のために共同募金（コミュニティ・チェスト）の仕事を皆で引き受けるといった社会貢献をします。いい意味での刺激を受けて「俺も人のために役に立っているんだ」といった意識の高揚になっています。ボストン大学やシモンズカレッジという女子大学の学生たちも何らかの仕事を手伝って、生活費を補っています。私は旧式な石炭のボイラーマンの手伝いを一週間おきにやらせてもらいました。ボイラー番をやった週の食費は無料になるのです。

（2）は言うまでもなく、家、学校、ビルなど人が地域生活を営む特定の場のことです。それは形が目に見え、どういう人が出入りするところかおおよそ見当がつくでしょう。各家屋には表札があります。そこにいつも出入りする人たちがその表札の家人であることがわかります。また街の店にしても、看板が出ていれば地域住民の関心を引きます。私がＮＰＯ法人理事長を担っている東京都杉並区の「けやき亭」〔就労継続支援Ｂ型事業所〕も、ちょっと目にかわいい四葉のクローバーに囲まれて「Tea Room（ティールーム）」と画かれた看板により、誰の目にもすぐ食堂であり、喫茶店でもあるとわかる「場」となっています。関心を持った住民はそこで昼食をとり、時には喫茶で一時の憩いを得るのです。と同時に障害者がコーヒーをいれ、ウエーターも障害者だということに気がついて、「ここはどういうところなんだろう」と、初めてわれに返るのです。「また来たい」と思う人、「また来てあげよう」という人もいるでしょうし、なかにはボランティアを志す人も出てくるのです。

（3）は記念碑のあるところや、ＪＲや私鉄の駅、名所、旧跡や公園やスーパーマーケットやショッピングセンター、そして病院です。広い意味での公共の場で、住民がその存在によって多く益する「場」です。もちろん多くの人が集まります。しかしそこは常住する場では必ずしもありません。上野の「西郷さん」の銅像はあまりにも有名です。人々はそれに明治維新の象徴を見いだし、近代日本の曙光《しょこう》を印象づけられるのです。しかしこういう場はトポスにはなりにくいでしょう。病院は精神科も含めて、人は集まりますが、治療の場であって、コミュニティ生活を楽しむ場ではありません。もちろん生活の場ではありませんから、トポスにはなりにくいのです。

診療所は医療機関ですが、そこは街の中に所在するクリニックとして地域に溶け込む可能性はあります。トポスになれるかどうかは、そこに働く職員がその辺をどう考えるかにかかっています。

（4）は上にも述べましたが、街の中に障害者の集まる拠点としての「トポス」をつくる発想を抱くときに、それを町のキーパースンに「語り」かけることそのものがこの（4）に相当するでしょう。

私は前出の「けやき亭」の創設にかかわったときの熱意を今でも思い起こします。今も「けやき亭」でパートをしているM保健師との相談の中で、なぜこういう施設が必要なのかという主張の中に自分の立場性がはっきり出ていたと思います。自分のソーシャルワーカーとしての立ち位置や、「クライエントの立場に立つ」とか、「人の自己実現を図る」といったソーシャルワークの理念等を含め、自分の働きを語るときがあります。あるいは、ソーシャルワーカーでなくても、クライエントや学生や街の住人が、人生や生活について語り合う場合、ある目標達成に対して自分たちに何ができるのかなどを議論する場合、自分の立場性そのものがトポスの意味になります。（1）から（4）までこれらは場合によっては重なることが少なくありません。

トポスは単なる物理的な場所ではありません。地域の作業所でもいいし、地域活動支援センターでもいいのですが、ソーシャルワーカーは利用者を含む地域住民との協働によって、新しい「場」としてのトポスをつくることができるのです。ソーシャルワーカーが作り出すこの場とは、従来言われてきた〝臨床〟の場ではありません。医師や看護師のようにソーシャルワーカーが主役になるのではなく、クライエントもソーシャルワーカーも共に主役です。ちなみに「臨床」は英語のクリニカル（clinical）の訳語です。もともとこれはギリシャ語のクリネーという言葉から来ており、寝台や担架を意味していました。したがって、クリネーに臨むとは、寝ている人を診るということになります。つまり医学用語で、対象は病者や弱者です。精神障害者は病気と障害を併せ持つ存在といわれますが、ごく普通の生活を営もうとするニーズを持つ人々で、私はそれを弱者と規定してはならないと思っています。ごく普通の生活を営もうとする要求が社会的なさまざまな壁にさえぎられて、自立しがたい状況に追い込まれている人も多いのです。ちょっとした後押しと「かかわり」を提供することで自立への道へ踏み出すことができる人は少なくありません。

ソーシャルワーカーは「生活者中心」を志向する福祉専門職ですから、医学モデルに立つものではありません。だから、臨床という言い方はふさわしいものではないと思います。たとえ病院職員であっても職業的専門性はあくまでもクライエントを生活者として位置づける福祉従事者で、これがそのアイデンティティ（自己同一性）でもあります。そういうわけで、「臨床ソーシャルワーク」などという言葉は使いたくないということです。実は私も一九八〇年代いっぱい、この臨床という言葉をよく使っていたことを反省しなければならないという思いを強くしています。

協働という言葉を直前に使いましたが、これはソーシャルワークに特有の用語です。言うまでもなく「クライエント自己決定の原理」を至高の価値として、専門職としてのソーシャルワーカーの実践の基礎に置かれています。その際重要なのは、無前提に自己決定を語ることはできないということです。これには例えば、社会保障法、福祉政策論が専門の金沢大学の井上英夫により警鐘が鳴らされており、留意しなければなりません。すなわち、「自己決定は第二次大戦前から戦中にかけて（おおよそ一九三五年から一九四四年の中頃まで）、ドイツナチスによるユダヤ人大虐殺の絶大な非人間的試練を経て、到達した人権保障を基として言われ始めた自己決定がようやく、現実のものになっていったという歴史認識なしには語れない」と言うのです。(8) こういう社会的歴史的背景についての不勉強を、私は自分自身の弱点として意識しています。専門性を語るとき、あるいはクライエント自己決定を語るとき、私が批判を受ける際の批判者の視点は、私が心理主義的であるという点です。そういう意味で、この井上の指摘は見過ごしてはならないと思うのです。

かかわり

だれしも自己決定をする場合には、何らかの応援が必要なのではないでしょうか。ソーシャルワーク実践においてその応援のはたらきとなるものこそ、ソーシャルワーカー・クライエント関係です。これを私は約《つづ》めて「かかわり」と表記します。また、クライエント自己決定の原理を踏まえた協働というかたちの「かかわり」は、ソーシャルワークに特有の技法です。クライエントとの協働なしに専門性は成立しません。

これまでの話を要約すると、協働の〝相棒〟はクライエントであり、その拠点は施設・病院ではなくむしろ地域につくります。地域の福祉的施設で働くソーシャルワーカーはもちろんのこと、病院や診療所などでソーシャルワークに従事するワーカーにも、地域の拠点としてのトポスの創造が求められます。病院・診療所など医療機関そのものは地域生活の拠点とはなりにくいでしょう。病院は一義的には治療の場だからです。とくに精神科病院は当事者からすれば、心ならずも収容される場所であり、場合によっては逆に逃げ場所でもありました。医師や看護師は治療の主体です。クライエントはあくまでも治療を受ける客体であり、主体性を持ちえません。病院・診療所などのソーシャルワーカーは、あらためて自分の立ち位置を確認し、地域に目を向けなければならないのです。

さて、「クライエント自己決定の原理」は生得的な（生まれながらの）静態的権利論としてとらえるのではなく、かかわりの中で自己決定が結実する力動的関係論においてとらえたいと考えます。静態的とは観察、検査等によって横断面的にクライエントを一つの尺度に当てはめて理解することです。静態論では相手を対象化し、その能力の程度などによって分類判別を図ること、即、理解することとなるわけです。しかし自己決定を単に能力などの問題として論じることが適切であるとは考えられません。

それに対し、力動的というのは潜在的可能性を持つクライエントに対し、「自ら語る自由」を保障するという考え方です。ソーシャルワーカーは、患者さんが医師、看護師等の治療・指導や看護を従順に受け止めるという、いわゆるコンプライアンス（compliance 服従）を重視する立場ではありません。

ソーシャルワークの「かかわり」の質はクライエントとの協働性が活かされているかどうかが大きな条件となります。クライエント自己決定は、①本人の能力と②かかわりの質と③かかわりにかけた時間、という三つの要素が必須です。認知症高齢者のように、能力の衰えというのは現実的な問題であることは言うまでもありません。しかしそういう人もきちんとしたかかわりが持てていれば、相手の発する何らかのシグナルがよく見えてきます。統合失調症の患者さんが活発な症状を示しているときはやはり判断力や関係性が低下することもあります。しかし能力が低下した場合でも、時間をかけることによって、やがて鎮静することもありますし、その時を待つことが求められることをあらためて確認したいと思っています。

　ここで言う時間について私が大事だと思うのは、時刻のこととか、その長さを言う「クロノス」的時間ではなく、「カイロス」的時間です。これらはいずれもギリシャ語です。「何時何分から何時何分まで面接したから相手は十分自分自身のことがわかったはずだ」、というのはクロノス的時間で単なる時間の経過のことです。それに対して「丁度よいとき」、あるいは「時が満ちて今がある」という意味の時間が「カイロス」です。何回かの面接を経て、次第によい関係ができてくるものですが、やはり一定の時間がかかります。読者の皆さんは「丁度よいとき」が訪れて、「かかわりができてきた、これで語りが交わせそうだ」という思いを持ったことがあると思います。これが今私たちに問われている「かかわりの質」を吟味する時間軸となります。これは、アメリカ、ハーバード大学のパウル・ティリッヒの考え方です。(9)私はこのティリッヒのカイロスは村上陽一郎の言う「時熟」と同じような意味であると理解しています。(10)村上は「生産過程では仕事の達成に要する時間はできる限り縮減したいものである。しかし人間の生物的側面の問題を考えるとそういう考え方はできない、例えば胎児が母親の胎内に宿ってから約四〇週の時間の経過というものは胎児にとっても、また母親や家族にとっても飛び越えてしまうことができない大事な時間なのである」と言い、「生物現象の中にある時熟、時が満ちる、ということの意味を改めて学ぶべきではなかろうか」と問題提起しております。私たちも、このことのソーシャルワークにおける実践的な意味を十分吟味したいと思います。

◇クライエントは「生活のしづらさ」を持った人

　精神疾患やその障害のために、生活上の不便をやむなくされることがあります。そういう人について、確かに現象的には暮らしにくさを見るわけですが、だからといって「生活障害者」といったレッテル貼りは、ソーシャルワーカーとしてはふさわしい言い方ではありません。一九八〇年代にはこうした表現がよく使われました。この言葉を最初に使ったのは、谷中《やなか》輝雄ですが、こういう用語がやはり一般に固定化して使われるようになってから以降、あらためて氏はこういう生活上の障碍は改善・克服できるものだという実践的経験から、その代わりに「生活のしづらさ」というように言い換えています[11]。

ソーシャルワーカーは、クライエントが独自の生活スタイル[12]を維持できるように支援を行います。このことを初めて言ったのは中井久夫という精神科医ですが、発想といい、臨床の中身といい、かなりソーシャルワーカー的な色合いの濃い学者です。中井によると、人間には健康なときには三つの機能が働く。「まとめる力とひろげる力」、「外界と内界の区別」、そして自分が「世界の中心であるとともに世界の一部であること」を意識できることだと言います。これが人の自我の働きです。この一つ一つをここで解説する必要はないでしょう。難しい専門用語ではないからというばかりではなく、それぞれについてはいかようにも自分に当てはめて考えることが可能だし、むしろそうしていきたいと私自身は思っているくらいです。私たちが出会うクライエントの中には、何かの事件というか、事態に遭遇して、それがきっかけで、この三つの考え方が、なかなかうまく使えない人もいますし、どれか一つが異常に自意識として拡大してしまったりする場合もあるようです。ですからソーシャルワーカーとしてはその人の言い分をよく聞きたいと思います。

◇つながりの保障と協働

その際、福祉の専門家としては、クライエントの人格を尊重し、人権を護り、人間としての暮らし方の自由を保障しようという姿勢を堅持します。これが今までお話しした「クライエント自己決定の原則」に一致します。今、人権と言いましたが、これにはなかなか難しい意味があります。ただ一つだけ強調しておきたいことは、人権保護あるいは擁護の視点なくしてクライエント自己決定はありえないということです。

カナダのソーシャルワーカー協会のホームページを見ると、「ソーシャルワーク実践の基礎理念は、人権と社会正義です」と書いてあります。[13] いきなり社会正義と言われても困るのですが、社会正義とはいったいどういうことなのかが気になります。『広辞苑』では「社会全体の幸福を保障する秩序を実現し維持すること」とあります。ちょっとここで、立ち止まって考えてみます。社会には、大体社会正義を構築する通念なるものがあって、「働かざる者、食うべからず」とか「障害者は第二級市民」、「非行・犯罪者は排除の対象」、「生活保護受給者は自立意識に欠ける怠惰な人」。「だからそういう類の人にならないように努めなさい」と言わんばかりの、「個」の存在のありようを頭から否定する規範（自立、生活、労働、善行、善意等々）が価値として存在します。これが社会正義の一面の意義です。ソーシャルワークはむしろこうした社会通念にとらわれて、身動きならない状況に追い込まれている事態にこそ挑戦するのです。

この挑戦とは、ソーシャルワークの技術を使って、人々の苦境にある状況に、コミット（commit 自己投入）し支援することとです。「する」と言うより、「こころみる」と言ったほうがふさわしいかもしれません。個々の人間にそんな力があるとは信じられません。下手をすれば、余計なお世話になりかねませんから。

なぜそういうかかわり合い（コミットメント commitment）が余計な世話にならないでいられるのか。それは相手方である利用者が主体的な存在であると信じるところからスタートしているからです。言い換えれば、それは地域で孤立せずに、自立して生活しようとしている人が相手だからです。これに対するソーシャルワーカーの支援は「つながり」の保障です。この「つながり」という言葉は二〇〇九年静岡での日本精神保健福祉士協会全国大会の主題となりました。今や、このつながりを広げ、協働による地域戦略を展開することが求められています。地域戦略といっても、まず何よりも大事にしなければならないのは、「個」の重視であり、これこそがソーシャルワーカー特有の視点です。この視点に立って地域ネットワークを構築し、運用することはソーシャルワーカーに必須の知識と技術であると言えましょう。

アセスメントの課題

ソーシャルワーカーに必須の知識と技術とは何でしょうか。まず事の次第や問題の性質を考えることから始めます。これをアセスメントと言います。かつてアセスメントはソーシャルワークにおいて「社会診断」とか「心理社会診断」などと呼ばれました。しかし今日では、相手クライエントを対象化し、病理や弱点を探索して、診断を作り上げるのではなく、人間関係のありようや、地域社会の公私さまざまな要素からの影響を、クライエントと共に見る「かかわり」の構築こそがソーシャルワーカーの課題になっています。決して福祉側のみの課題ではなく、「共に見る」というクライエントの協力が求められるということです。

さて、アセスメントといえば、まず「人と状況の全体性」ということについて考えることです。アセスメントはクライエントの生活問題を全人的視点において見ること。全人的視点とは、人とその環境を総合的に見ることです。人と環境はその両者の間で相互作用を及ぼし合いますから、この視点は必至であることは言うまでもありません。アセスメントは当事者クライエントの持つ問題とまたその人をめぐる状況を探究し、必要と考えられる資源を明確化し、問題解決の方針を立てるまでの過程のすべてです。先述したように、アセスメントは共同作業です。コミュニティに生きるクライエントは診られる対象ではなく、共に見る協働者と言わなければなりません。そこではクライエントとソーシャルワーカーは、いずれも主体的存在として、相互関係を保持し、その中で、クライエントの生き方に理解の焦点を当てて共に探るということになります。そこでは、専門職として、相談室という密室に孤立せず、地域を見通し、地域の持つ力を重視できるかどうかが問われるのです。

そこでソーシャルワーカーはいかなる立ち位置に立つべきであるのかについて、触れておきたいと思います。これは生活者中心志向という言葉に尽きると思うのです。合理性にこだわらず、クライエントならびにソーシャルワーカーの主観性や感覚性を尊重します。それは先に述べたように「ここで、今（here and now）」地域で生きようとするクライエントと共にあることを志向することにほかなりません。これが地域に生きるソーシャルワーカーの姿と言えるでしょう。

私は「ここで、今（here and now）」というキーワードを使いましたが、ちなみに医学モデルの診断は、「あそこで、あのとき（there and then）」に属するのです。クライエントに対する診断は「統合（精神分裂病）」だとか「うつ」だとか言われると、何となくわかったような気になるとすれば、これはまさに「あそこで、あのとき」という過去のありようにとらわれていると言わざるをえません。重ねて言うことになりますが、ソーシャルワーカーとクライエントは相互主体的関係にあります。ソーシャルワーカーの支援はこれに基づいて展開されるのです。そこでは従来の援助概念を見直し、ワーカーとクライエントの間の情報の格差を克服解消し、必要な諸情報を共有する仕事から始めなければなりません。こうしてソーシャルワークにおける「かかわり」が構築されていきます。

自己開示という技法

その中でのソーシャルワークのあり方について考えます。それはソーシャルワーカーの自己開示という技法の問題です。言わずもがな自己開示とは自分の胸のうちを開き示すことです。相手クライエントの話を聴いていて、腑に落ちない点に気づいたときや、自分の考え方とはまったく違うときとか、また自分がどうしても納得できないときなどに、言葉を選んで、自分の思いをクライエントに伝えること。これをソーシャルワーカーの自己開示と言います。これはソーシャルワーカーが、上に立って指導・教示するのではなく、自分自身の考え方や気持ちを率直に相手に伝え、協議しようとする姿勢のことです。ソーシャルワーカーが胸襟を開くことによって、クライエントのワーカーへの信頼感はより大きなものとなるでしょう。「初めてきちんと自分の方を向いてくれる人に出会った」、そして「この人はこんな考え方を持っていたのだ」とか、「この人はこういう感じ方をするんだということが初めてわかった」と気がつき、信頼感を増幅するのです。

医師や看護師・保健師と違って、ソーシャルワーカーは、手にこれといった技術を持ち合わせません。自己開示はソーシャルワーク特有の援助・支援の最も重要な方法の一つです。せめて自己開示の手法を積極的に内実化して活用したいものです。ソーシャルワーカーの自己開示は、クライエントにとって問題解決への積極的な関与の道を開くことになります。従来は受益者という言葉を使って、クライエントの立場を説明したものですが、クライエントは決して受身の立場ではありません。クライエントも自分の問題解決の道をたどる際に、人任せではいられません。そこではお互いの責任性の分担を明確にすること、「これは私がします（できます）」、「それはあなたにしていただく分だと思います。あなたができることだと思いますがいかがでしょうか」といったワーカーからの呼びかけがなされます。言葉遣いには細心の注意が必要ですが、これに対してクライエントの応答がなされれば、この責任性の分担は進むでしょう。

ソーシャルワーカーの働く場──コミュニティとは何か

ここまでにコミュニティという言葉を頻繁に使いましたが、そもそもコミュニティとは何でしょうか。辞書には「1．（国家、都市、町村、学校、同宗・同業などの）共同社会、共同生活体、共同体、地域社会、2．一般に社会、3．共用、共有、4．共通性（利害の一致）、その他5．動物学や植物学で群」などとあります。このように羅列すると、何か箱物だけあって、そこにソフトな要素が見られません。やはり人が集まり、互いに交わりを作り出し、そこで生きるといった人間的要素がそぎ落とされてしまっているような気がします。

これをソーシャルワークの論議に合わせて検討したいのですが、阿部志郎は、コミュニティとは「在るものではなく、作り出すものである」と言っています。私たちのコミュニティは血縁を拡大した地縁社会で、「縁」という構造の存在概念があり、私たちはその中で生きていかなければならないのです。住民は「地縁社会に対して受身である」というのが阿部の主張です。(14) だから人間一人一人は「縁」で結ばれ、位置づけられていく。欧米ではコミュニティは作り上げていくべきものとして、「こういうコミュニティをつくりたい」という主体的な動きがごく当たり前なのです。わが国ではいまだに血縁に根ざした地縁という社会に縛られていますから、自由な発想が湧《わ》いてこない。どうしてもリーダー格の人に従ってしまう。難しい選択を迫られるとき、あの人はどう言うだろうと、周りを見渡します。それである方向に事が進みそうになれば、自分本来の考えとは多少違っても甘受する、というわけです。これがコミュニティに対して受身だと、阿部が言うところであろうと思います。

とすれば、ここで私たちは何をすればいいのかについて、私は提案したいと思うのですが、それは新しいコミュニティ、すなわち上に述べた「トポス」の創出です。病院も施設もコミュニティの一部ではありますが、クライエントにとってほとんど服従（コンプライアンス）に等しい約束を強いられる場で、生きられる場ではありません。私の提案は地域における「トポスの創出」とクライエントとの協働です。例えば、作業所はそれを保障する典型的な「場」であり、そこで利用者も私たちも共に成長するのです。

まとめ

福祉の状況を読み解く際に、何が大事になるのでしょうか。地域にあって、仕事とか、業務をただこなすというのではなく、「ここで、今（here and now）、協働する」ということではないでしょうか。コンパッション（compassion）をもって、相手クライエントと向き合い、協働する」ということではないでしょうか。コンパッションのコン（com）は「共に」という意味です。パッションは情熱ですが、受苦という意味もあります。すなわち、情熱を傾けてクライエントと苦難を共にするのがソーシャルワーカーです。

地域でかなり困難な生活を強いられなければならないクライエントの支援にかかわるソーシャルワーカーには、コンパッションをもった、事態への冷静な観察と、クライエントとの真摯《しんし》な対話能力が必要です。そこに繰り広げられるかかわりの中で相手方の「語り」に耳を傾ける、つまり傾聴という決してやさしくない技術をもって、クライエントに向かおうとするのです。

最後に私の尊敬する横須賀基督教社会館の前館長、阿部志郎によって紹介されたイギリスのA・マーシャルの言葉を紹介します。“Cool head and warm heart”（冷静な頭脳と暖かい心情）という言葉です。マーシャルは「社会の問題に対して、学生はすべからく暖かい心情と冷静な頭脳を持たなければならない。そういう人物を送り出して社会問題を解決することこそ、ケンブリッジ大学の使命である」と言ったということを、私は阿部先生から学びました。(15) 言葉の意味を自らの実践に照らし合わせて、この考えを身につけていきたいものだと思います。

注

(1) 阿部志郎・岸川洋治『エベレット・トムソン／ローレンス・トムソン』、シリーズ福祉に生きる、大空社、一九九九年。
(2) 阿部志郎『ボランタリズム』、海声社、一九九〇年、一三七頁。
(3)『海軍兵学校・海軍機関学校・海軍経理学校』、秋元書房、一九九〇年、六四頁。
(4) 阿川弘之『井上成美』、新潮社、一九八六年。
(5) Gordon Hamilton, *Theory and Practice of Social Case Work.* G・ハミルトン著、三浦賜郎訳『ケースワークの理論と実際』上・下、有斐閣、一九六〇—一九六四年。
(6) Charlotte Towle, *Common Human Needs.* シャルロット・トール著、小松源助訳『コモン・ヒューマン・ニーズ——社会福祉援助の基礎』、中央法規出版、一九九〇年。
(7) 河合隼雄・中村雄二郎『トポスの知——箱庭療法の世界』、ＴＢＳブリタニカ、一九九三年、二〇七頁。
(8) 井上英夫「尊厳は平等に保障されているか？」『ピア』第76号、二〇一〇年三月二五日、ＪＨＣ板橋会、八七一頁。
(9) D. Mackenzie Brown, *Ultimate Concern: Tillich in Dialogue*, Harper & Row, Publishers, 1965, pp.125-

156.（マッケンジー・ブラウン、ティリッヒとの対話における「至高の関心」）

（10）村上陽一郎『時間の科学』、岩波書店、一九八六年、一一四—一二六頁。

（11）佐々木敏明「クライエントの理解」、精神保健福祉士養成セミナー編集委員会編『精神保健福祉論』第4巻、へるす出版、二〇一〇年、一六七頁。

（12）中井久夫『病者と社会』、岩崎学術出版社、一九九二年、一六頁。

（13）カナダSW協会編、岩崎浩三訳「ソーシャルワークとは？」日本ソーシャルワーカー協会ホームページ（国際情報）より。<http://www.jasw.jp/kokusaiinfo/2009canadasw.pdf> (2011/05/10)

（14）阿部志郎『ボランタリズム』、海声社、一九九〇年、九〇頁。

（15）阿部志郎『福祉実践への架橋』、海声社、一九八九年、一一三頁。

あとがき

「福祉の役わり・福祉のこころ」第四集『みんなで参加し共につくる』をお届けできることとなった。岸川洋治先生には「住民の力とコミュニティの形成」という主題でご講演いただいたものが収録されている。また、柏木昭先生には「特別講義 私とソーシャルワーク」というテーマでご寄稿いただいた。柏木先生が、どのようにソーシャルワークという学問と実践にかかわるようになられたのか、という主題について、いわば「学問的自伝」として、書き下ろしていただいたものである。本ブックレットの課題から、さらにご関心をお持ちの方には、岸川洋治著『近隣活動とコミュニティセンター――横須賀基督教社会館と地域住民のあゆみ』(筒井書房、二〇〇四年)および、柏木昭ほか著『ソーシャルワーク協働の思想――〝クリネー〟から〝トポス〟へ』(へるす出版、二〇一〇年)をご紹介させていただきたいと思う。

本シリーズ・ブックレットは、「福祉のこころ研究会」講演をもとに作成されている。第一集は阿部志郎著『福祉の役わり・福祉のこころ』(二〇〇八年六月)、第二集は阿部志郎・長谷川匡俊・濱野一郎著『与えあうかかわりをめざして』(二〇〇九年一〇月)、第三集は岩尾貢・平山正実著『とことんつきあう関係力をもとに』(二〇一〇年一一月)として刊行されている。

研究会は、聖学院大学人間福祉学部（牛津信忠学部長）および同大学院人間福祉学研究科（郡司篤晃研究科長）の教員による聖学院大学総合研究所の研究プロジェクトのひとつとして実施されている。学部および研究科の設置理念と、実践との橋渡しになることを願っている。とくに、これから福祉を学ぼうとしている人、いま、福祉を学んでいる学生、さらに、すでに福祉の現場で働いている方々の指針になれば幸いである。

今回も、講演会開催にあたっては、柏木昭名誉教授がコーディネーターとしてご尽力くださった。また、ブックレット作成と研究会の開催にあたっては、聖学院大学出版会の山本俊明部長、花岡和加子氏、総合研究所鈴木典子氏に多大のご支援をいただいている。そのほかにも、関係者各位の多くのお働きに感謝を申し上げたい。

二〇一一年七月

研究会を代表して
人間福祉学研究科教授　中村　磐男

著者紹介

岸川洋治（きしかわ　ようじ）

社会福祉法人横須賀基督教社会館館長。

一九四七年生まれ。一九六九年明治学院大学社会福祉学科卒業。大学二年のころから横須賀基督教社会館でボランティア活動を始め、卒業後、社会館にコミュニティワーカーとして就職し、住民の地域活動を職員として協働で推進する。日本最初の「高齢者給食」や「田浦町たすけあいの会」が住民主体の活動として展開されるようになった。一九九八年四月西南女学院大学福祉学科教授に就任、二〇〇四年二月学長、四月学院長に就任。北九州市においてはボランティアとして地域活動に参加した。二〇〇五年十月再び社会館常務理事として復帰し、二〇〇七年四月より館長。二〇〇八年四月北陸学院大学社会福祉学科教授、神奈川県立保健福祉大学大学院講師を兼ねる。

〔著書〕『近隣活動とコミュニティセンター――横須賀基督教社会館と地域住民のあゆみ』（筒井書房）、『地域福祉の思想と実践』（共著、海声社）など。

柏木　昭（かしわぎ　あきら）

聖学院大学総合研究所名誉教授。

一九二七年生まれ。一九五四年、ボストン大学スクール・オブ・ソーシャルワーク卒業（マスター・オブ・サイエンス）。一九五五―八七年、国立精神衛生研究所、一九八八―九八年、淑徳大学、一九九八年より聖学院大学。聖学院大学総合研究所人間福祉スーパービジョンセンター顧問。（社）日本精神保健福祉士学会名誉会長、日本社会福祉学会名誉会員、国立精神衛生研究所名誉研究員、日本デイケア学会理事長（二〇〇八年九月まで）、ＮＰＯ法人けやき精神保健福祉会理事長（東京都杉並区）。

〔著書〕『ケースワーク入門』（川島書店）、『改訂　精神科デイケア』（編著、岩崎学術出版社）、『新精神医学ソーシャルワーク』（編著、岩崎学術出版）、『スーパービジョン』（共著、日本精神保健福祉士協会）など。

福祉の役わり・福祉のこころ

みんなで参加《さんか》し共《とも》につくる

2011年 9月10日　初版第1刷発行

著　者　岸　川　洋　治
柏　木　　　昭

発行者　大　木　英　夫

発行所　聖学院大学出版会

〒362-8585　埼玉県上尾市戸崎1-1

電話 048-725-9801 ／ Fax 048-725-0324

E-mail : press@seigakuin-univ.ac.jp

ISBN978-4-915832-92-5　C0036

MEMO